Workbook | Video Manual

¡VIVA!

Primer curso de lengua española

SECOND EDITION

DONLEY | BLANCO

Boston, Massachusetts

ISBN: 978-1-60576-167-1

4 5 6 7 8 9 10 RE 14 13

Contenido

WORKBOOK

Introduction	vii
Lección 1	**1**
Lección 2	**9**
¡Vivan los países hispanos! Estados Unidos y Canadá	**19**
Lección 3	**21**
Lección 4	**31**
¡Vivan los países hispanos! México	**41**
Repaso Lecciones 1–4	**43**
Lección 5	**45**
Lección 6	**53**
¡Vivan los países hispanos! El Caribe	**63**
Lección 7	**65**
Lección 8	**75**
¡Vivan los países hispanos! Suramérica I	**85**
Repaso Lecciones 5–8	**87**
Lección 9	**89**
Lección 10	**99**
¡Vivan los países hispanos! Suramérica II	**107**
Lección 11	**109**
Lección 12	**119**
¡Vivan los países hispanos! América Central I	**127**
Repaso Lecciones 9–12	**129**
Lección 13	**131**
Lección 14	**139**
¡Vivan los países hispanos! América Central II	**147**
Lección 15	**149**
Lección 16	**157**
¡Vivan los países hispanos! España	**165**
Repaso Lecciones 13–16	**167**

VIDEO MANUAL

Introduction vii

ESCENAS

Lección 1 ¡Todos a bordo! 169

Lección 2 ¿Qué clases tomas? 171

Lección 3 ¿Es grande tu familia? 173

Lección 4 ¡Vamos al parque! 175

Lección 5 Tenemos una reservación. 177

Lección 6 ¡Qué ropa más bonita! 179

Lección 7 ¡Jamás me levanto temprano! 181

Lección 8 ¿Qué tal la comida? 183

Lección 9 ¡Feliz cumpleaños, Maite! 185

Lección 10 ¡Uf! ¡Qué dolor! 187

Lección 11 Tecnohombre, ¡mi héroe! 189

Lección 12 ¡Les va a encantar la casa! 191

Lección 13 ¡Qué paisaje más hermoso! 193

Lección 14 Estamos perdidos. 195

Lección 15 ¡Qué buena excursión! 197

¡VIVAN LOS PAÍSES HISPANOS!

Lección 2 Estados Unidos 199

Lección 2 Canadá 200

Lección 4 México 201

Lección 6 Puerto Rico 203

Lección 6 Cuba 204

Lección 6 La República Dominicana 205

Lección 8 Venezuela 207

Lección 8 Colombia 208

Lección 8 Ecuador 209

Lección 8 Perú 210

Lección 10 Argentina 211

Lección 10 Chile 213

Lección 10 Uruguay 214

Lección 10 Paraguay 215

Lección 10 Bolivia 216

Lección 12 Guatemala 217
Lección 12 Honduras 219
Lección 12 El Salvador 220
Lección 14 Nicaragua 221
Lección 14 Costa Rica 222
Lección 14 Panamá 223
Lección 16 España 225
FLASH CULTURA
Lección 1 Encuentros en las plazas 227
Lección 2 Los estudios 229
Lección 3 La familia 231
Lección 4 ¡Fútbol en España! 233
Lección 5 ¡Vacaciones en Perú! 235
Lección 6 Comprar en los mercados 237
Lección 7 Tapas para todos los días 239
Lección 8 La comida latina 241
Lección 9 Las fiestas 243
Lección 10 La salud 245
Lección 11 Maravillas de la tecnología 247
Lección 12 La casa de Frida 249
Lección 13 Naturaleza en Costa Rica 251
Lección 14 El Metro del D.F. 253
Lección 15 ¿Estrés? ¿Qué estrés? 255
Lección 16 El mundo del trabajo 257

Introduction

The ¡VIVA! Workbook/Video Manual

Completely coordinated with the **¡VIVA!** student textbook, the Workbook/ Video Manual for **¡VIVA!** provides you with additional practice of the vocabulary, grammar, and language functions presented in each of the textbook's sixteen lessons. The Workbook/Video Manual will also help you to continue building your reading and writing skills in Spanish. Icons and page references in the **recursos** boxes of the **¡VIVA!** student textbook correlate the Workbook and Video Manual to your textbook, letting you know when exercises and activities are available for use. Answers to the Workbook and Video Manual are located in a separate answer key booklet.

The Workbook

Each lesson's workbook activities focus on developing your reading and writing skills as they recycle the language of the corresponding textbook lesson. Exercise formats include, but are not limited to, true/false, multiple choice, fill-in-the-blanks, sentence completions, fleshing out sentences from key elements, and answering questions. You will also find activities based on drawings, photographs, and maps.

Reflecting the overall organization of the textbook lessons, each workbook lesson consists of **Preparación, Gramática,** and **¡Vivan los países hispanos!** sections. After every four lessons, a **Rcpaso** section appears, providing cumulative practice of the grammar and vocabulary learned.

The Video Manual

¡Viva! offers three video programs: **Escenas, Flash cultura** and **¡Vivan los países hispanos!** In all three programs, the activities will guide you through the video modules. **Antes de ver el video** offers previewing activities to prepare you for successful video viewing experiences. **Mientras ves el video** contains while-viewing activities that will guide you through each module, targeting key ideas and events. Lastly, **Después de ver el video** provides post-viewing activities that check your comprehension and ask you to apply these materials to your own life or offer your own opinions.

Escenas Video

Shot in Ecuador, the **Escenas** video offers from 5 to 7 minutes of footage for fifteen lessons of the student textbook. Each module tells the continuing story of four college students from various Spanish-speaking countries who are studying at the **Universidad San Francisco de Quito** in Ecuador. They have all decided to spend their vacation break taking a bus tour of the Ecuadorian countryside with the ultimate goal of climbing up a volcano. The dramatic episode brings the themes, vocabulary, grammar, and language functions of the corresponding textbook alive. Each module ends with a **Resumen** section in which a main character recaps the dramatic episode.

¡Vivan los países hispanos! Video

This video is integrated with the **¡Vivan los países hispanos!** section in each even-numbered lesson of **¡VIVA!** Each segment is 2–3 minutes long and consists of documentary footage from the countries of focus.

As you watch the video segments, you will experience a diversity of images and topics: cities, monuments, traditions, festivals, archaeological sites, geographical wonders, and more. You will be transported to each Spanish-speaking country including the United States and Canada, thereby having the opportunity to expand your cultural perspectives.

Flash cultura

This dynamic new video is integrated with the **Exploración** section of each lesson. Shot in eight countries in the Spanish-speaking world, **Flash cultura** features reporters who carry out authentic interviews with young people from all over the Spanish-speaking world and ask them to share aspects of their lives. In these episodes, you will learn about similarities and differences among Spanish-speaking countries, which in turn will challenge you to think about your own cultural practices and values.

The segments will provide you with valuable cultural insights as well as authentic linguistic input as they gradually move into Spanish. Be prepared to listen to a wide variety of accents and vocabulary from the Hispanic world!

We hope that you will find the **¡VIVA!** Workbook/Video Manual to be a useful language learning resource and that it will help you to increase your Spanish-language skills in a productive, enjoyable fashion.

The ¡VIVA! authors and the Vista Higher Learning editorial staff

Nombre ______________________ Fecha ______________________

Workbook

PREPARACIÓN — Lección 1

1 **Saludos** For each question or expression, write the appropriate answer from the box in each blank.

De nada.	Encantada.	Muy bien, gracias.	Nos vemos.
El gusto es mío.	Me llamo Pepe.	Nada.	Soy de Ecuador.

1. ¿Cómo te llamas? ______________________
2. ¿Qué hay de nuevo? ______________________
3. ¿De dónde eres? ______________________
4. Adiós. ______________________
5. ¿Cómo está usted? ______________________
6. Mucho gusto. ______________________
7. Te presento a la señora Díaz. ______________________
8. Muchas gracias. ______________________

2 **Conversación** Complete this conversation by writing one word in each blank.

ANA Buenos días, señor González. ¿Cómo ________ (1) ________ (2)?

SR. GONZÁLEZ ________ (3) bien, gracias. ¿Y tú, ________ (4) estás?

ANA Bien. ________ (5) presento a Antonio.

SR. GONZÁLEZ Mucho ________ (6), Antonio.

ANTONIO El gusto ________ (7) ________ (8).

SR. GONZÁLEZ ¿De dónde ________ (9), Antonio?

ANTONIO ________ (10) ________ (11) México.

ANA ________ (12) luego, señor González.

SR. GONZÁLEZ Nos ________ (13), Ana.

ANTONIO ________ (14), señor González.

3 **Saludos, despedidas y presentaciones** Complete these phrases with the missing words. Then write each phrase in the correct column of the chart.

1. ¿________ pasa?
2. ________ luego.
3. ________ gusto.
4. Te ________ a Irene.
5. ¿________ estás?
6. ________ días.
7. El ________ es mío.
8. Nos ________.

Saludos	Despedidas	Presentaciones

Workbook

4 **Los países** Fill in each blank with the name of the Spanish-speaking country that is highlighted in each map.

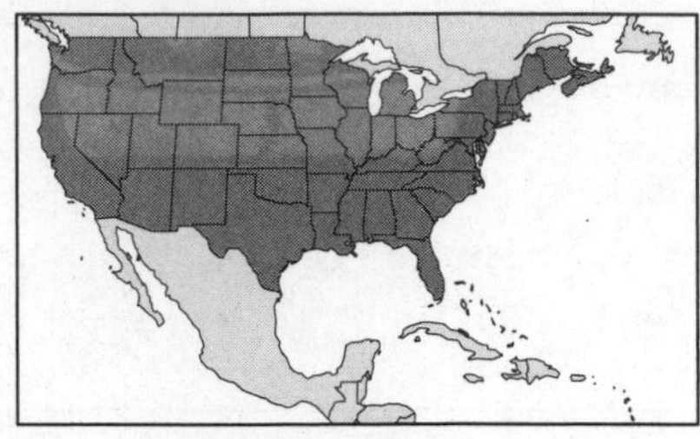

1. ______

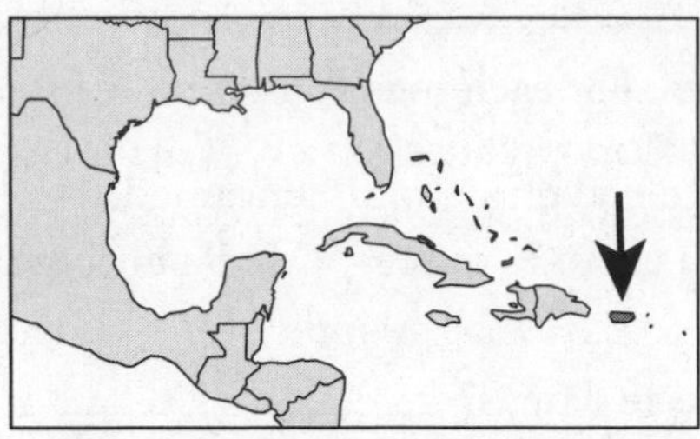

2. ______

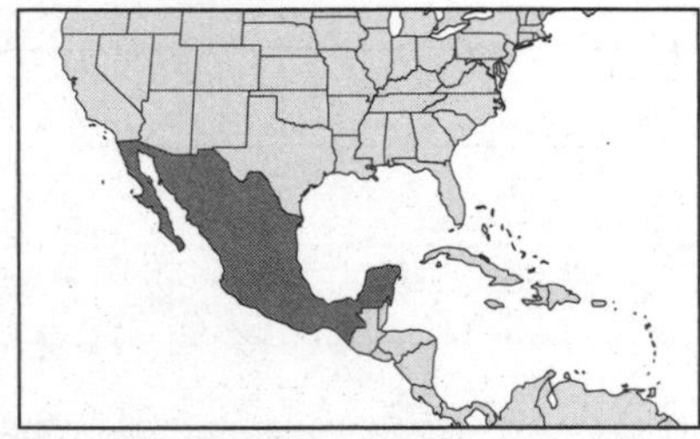

3. ______

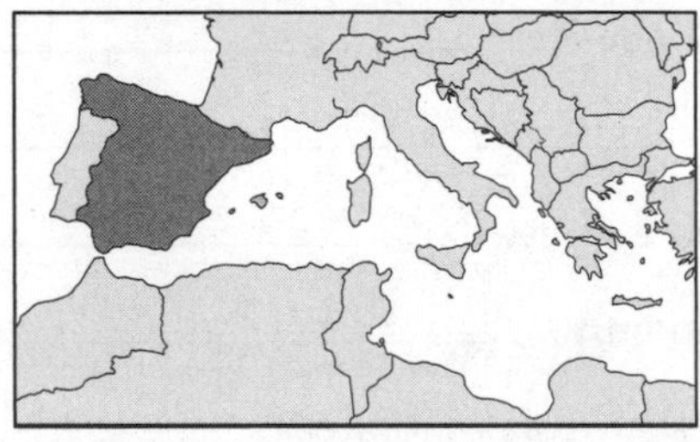

4. ______

5. ______

5 **Diferente** Write the word or phrase that does not belong in each group.

1. Hasta mañana.
   Nos vemos.
   Buenos días.
   Hasta pronto.

   ______

2. ¿Qué tal?
   Regular.
   ¿Qué pasa?
   ¿Cómo estás?

   ______

3. Ecuador
   Washington
   México
   Estados Unidos

   ______

4. Muchas gracias.
   Muy bien, gracias.
   No muy bien.
   Regular.

   ______

5. ¿De dónde eres?
   ¿Cómo está usted?
   ¿De dónde es usted?
   ¿Cómo se llama usted?

   ______

6. Chau.
   Buenos días.
   Hola.
   ¿Qué tal?

   ______

Nombre ______________________ Fecha ______________________

Workbook

GRAMÁTICA

1.1 Nouns and articles

1 **¿Masculino o femenino?** Write the correct definite article before each noun. Then write each article and noun in the correct column.

1. ________ hombre
2. ________ profesora
3. ________ chica
4. ________ pasajero
5. ________ mujer
6. ________ conductora
7. ________ chico
8. ________ pasajera
9. ________ profesor

Masculino	Femenino

2 **¿El, la, los, o las?** Write the correct definite article before each noun.

1. ________ autobús
2. ________ maleta
3. ________ lápices
4. ________ diccionario
5. ________ palabras
6. ________ mano
7. ________ país
8. ________ problema
9. ________ cosas
10. ________ diarios

3 **Singular y plural** Give the plural form of each singular article and noun and the singular form of each plural article and noun.

1. unas capitales ________
2. un día ________
3. un cuaderno ________
4. unos números ________
5. una computadora ________
6. unas escuelas ________
7. unos mapas ________
8. un programa ________
9. unos autobuses ________
10. una palabra ________

4 **Las cosas** For each picture, provide the noun with its corresponding definite and indefinite articles.

1. ________ ________

2. ________ ________

3. ________ ________

4. ________ ________

Workbook

1.2 Numbers 0–30

1 **Los números** Solve the math problems to complete the crossword puzzle.

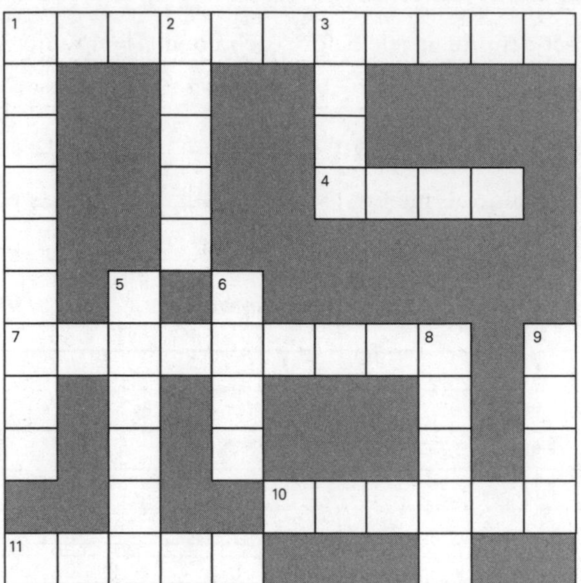

1. (*Horizontal*) veinte más cinco
1. (*Vertical*) once más once
2. seis más tres
3. trece menos trece
4. veintiséis menos quince
5. doce más ocho
6. veintinueve menos diecinueve
7. treinta menos catorce
8. veintitrés menos dieciséis
9. siete más uno
10. veinticinco menos veintiuno
11. once más dos

2 **¿Cuántos hay?** Write questions and answers that indicate how many items there are. Write out the numbers.

modelo
2 cuadernos
¿Cuántos cuadernos hay? Hay dos cuadernos.

1. 3 diccionarios __________
2. 12 estudiantes __________
3. 10 lápices __________
4. 7 maletas __________
5. 25 palabras __________
6. 21 países __________
7. 13 grabadoras __________
8. 18 pasajeros __________
9. 15 computadoras __________
10. 27 fotografías __________

Nombre ______________________ Fecha ______________________

Workbook

1.3 Present tense of ser

1

Los pronombres In the second column, write the subject pronouns that you would use when addressing the people listed in the first column. In the third column, write the pronouns you would use when talking about them.

Personas	Addressing them	Talking about them
1. el señor Varela	______	______
2. Claudia, Eva y Ana	______	______
3. un hombre y dos mujeres	______	______
4. la profesora	______	______
5. un estudiante	______	______
6. el director de una escuela	______	______
7. tres chicas	______	______
8. un pasajero de autobús	______	______
9. Antonio y Miguel	______	______
10. una turista	______	______

2

Completar Complete these sentences with the correct forms of **ser**.

1. Los pasajeros ______________________ de Estados Unidos.
2. Nosotros ______________________ profesores.
3. La computadora ______________________ de Marisol.
4. La profesora ______________________ Elsa Jiménez.
5. Yo ______________________ de San Antonio.
6. ¿Quién ______________________ el conductor?
7. Tú ______________________ estudiante.
8. ¿De quiénes ______________________ las maletas?

3

Nosotros somos... Rewrite each sentence with the new subject. Change the verb **ser** as necessary.

modelo

Ustedes son profesores.
Nosotros *somos profesores.*

1. Nosotros somos estudiantes. Ustedes ______________________.
2. Usted es de Puerto Rico. Ella ______________________.
3. Nosotros somos conductores. Ellos ______________________.
4. Yo soy estudiante. Tú ______________________.
5. Ustedes son de Ecuador. Nosotras ______________________.
6. Ella es profesora. Yo ______________________.
7. Tú eres de España. Él ______________________.
8. Ellos son de México. Ellas ______________________.

4 **¿De quién es?** Use **ser + de** (or **del**) to indicate that the objects belong to the people listed.

modelo
grabadora / el hombre
Es la grabadora del hombre.

1. diccionario / el estudiante ______________________
2. cuadernos / las chicas ______________________
3. mano / Manuel ______________________
4. maletas / la turista ______________________
5. mapas / los profesores ______________________
6. libro / Francisco ______________________
7. lápices / la joven ______________________
8. fotografía / los chicos ______________________
9. computadora / la directora ______________________
10. capital / el país ______________________

5 **¿De dónde son?** Use **ser + de** to indicate where the people are from.

modelo
Ustedes / Costa Rica
Ustedes son de Costa Rica.

1. Lina y María / Colombia ______________________
2. El profesor / México ______________________
3. Tú y los jóvenes / Argentina ______________________
4. Las estudiantes / los Estados Unidos ______________________
5. Ellos / Ecuador ______________________
6. La mujer / Puerto Rico ______________________
7. Los turistas / España ______________________
8. Él y yo / Chile ______________________
9. Nosotras / Cuba ______________________
10. Usted / Venezuela ______________________

6 **¡Pregunta!** Write questions for these answers.

modelo
¿De dónde son ellos?
Ellos son de España.

1. ______________________
   Los lápices son de Ramón.
2. ______________________
   Lilia es de Ecuador.
3. ______________________
   Es una foto.
4. ______________________
   Ellas son Marisa y Susana.

Nombre ______________________ Fecha ______________________

Workbook

1.4 Telling time

1 **La hora** Give the time shown on each clock using complete sentences.

1. ______________________

2. ______________________

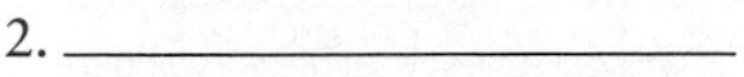

3. ______________________

4. ______________________

5. ______________________

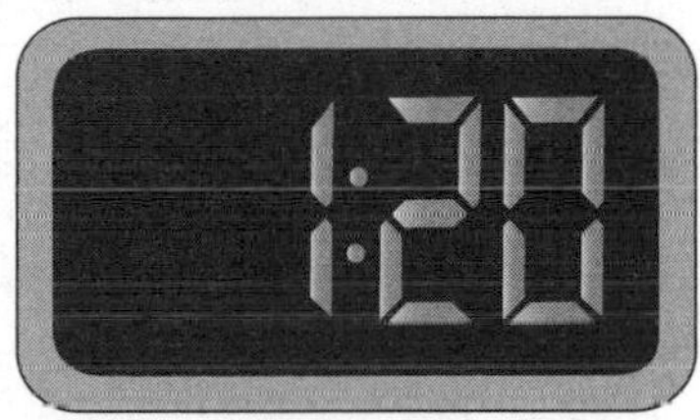

6. ______________________

2 **¿Qué hora es?** Use complete sentences to tell the time.

1. 3:40 p.m. ______________________
2. 6:00 a.m. ______________________
3. 9:15 p.m. ______________________
4. 12:00 p.m. ______________________
5. 1:10 p.m. ______________________
6. 10:45 a.m. ______________________
7. 5:05 p.m. ______________________
8. 11:50 p.m. ______________________
9. 1:30 a.m. ______________________
10. 10:00 p.m. ______________________

Workbook

3 **El día de Marta** Use the schedule to answer the questions in complete sentences.

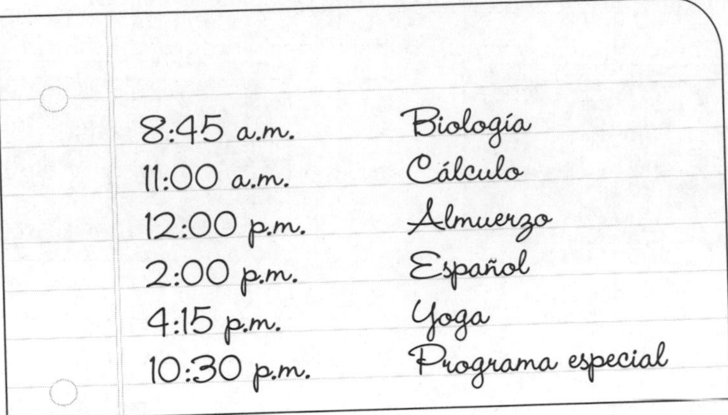

8:45 a.m. Biología
11:00 a.m. Cálculo
12:00 p.m. Almuerzo
2:00 p.m. Español
4:15 p.m. Yoga
10:30 p.m. Programa especial

1. ¿A qué hora es la clase de biología? ______________________
2. ¿A qué hora es la clase de cálculo? ______________________
3. ¿A qué hora es el almuerzo (*lunch*)? ______________________
4. ¿A qué hora es la clase de español? ______________________
5. ¿A qué hora es la clase de yoga? ______________________
6. ¿A qué hora es el programa especial? ______________________

4 **Síntesis** Answer the questions about yourself and your class using complete sentences.

1. ¿Cómo te llamas? ______________________
2. ¿De dónde eres? ______________________
3. ¿Qué hay de nuevo? ______________________
4. ¿Qué hora es? ______________________
5. ¿A qué hora es la clase de español? ______________________
6. ¿Cuántos estudiantes hay en la clase de español? ______________________
7. ¿Hay estudiantes de México en la clase? ______________________
8. ¿A qué hora es tu (*your*) programa de televisión favorito? ______________________

Nombre ______________________ Fecha ______________________

PREPARACIÓN

Lección 2

Workbook

1 **Categorías** Read each group of items. Then write the word from the list that relates to each group.

biblioteca	clase	geografía
cafetería	cursos	laboratorio

1. sándwiches, tacos, sodas, bananas ______________________
2. mapas, capitales, países, nacionalidades ______________________
3. historia, matemáticas, geografía, lenguas extranjeras ______________________
4. microscopios, experimentos, química, elementos ______________________
5. libros, mesas, computadoras, sillas ______________________
6.pizarras, tiza, borrador, profesora, escritorios ______________________

2 **Buscar** (*To search*) Find twelve school-related words in the grid, looking horizontally and vertically. Circle them in the puzzle, and write the words in the blanks.

S	P	F	Í	S	I	C	A	B	Q	G	Ñ	E
O	E	S	P	A	Ñ	O	L	E	U	S	B	R
C	X	B	E	C	O	N	U	M	Í	O	I	M
I	A	R	T	E	G	Q	F	A	M	F	O	I
O	M	C	A	C	L	Ó	U	R	I	V	L	N
L	E	P	R	U	E	B	A	A	C	D	O	G
O	N	U	E	O	N	E	Z	H	A	U	G	L
G	Ñ	D	A	M	C	L	A	S	E	T	Í	É
Í	E	J	I	L	R	I	E	M	C	I	A	S
A	P	E	R	I	O	D	I	S	M	O	P	I
D	S	T	H	O	R	A	R	I	O	Q	X	Á
K	U	M	A	N	I	P	Á	D	C	S	M	O

Horizontales

____
____
____
____
____
____

Verticales

____
____
____
____
____
____

Workbook

3 **El calendario** Use the calendar to answer these questions with complete sentences.

marzo

L	M	M	J	V	S	D
		1	2	3	4	5
6	7	8	9	10	11	12
13	14	15	16	17	18	19
20	21	22	23	24	25	26
27	28	29	30	31		

abril

L	M	M	J	V	S	D
					1	2
3	4	5	6	7	8	9
10	11	12	13	14	15	16
17	18	19	20	21	22	23
24	25	26	27	28	29	30

modelo

¿Qué día de la semana es el 8 de abril (*April*)?

El *8 de abril es sábado./Es sábado.*

1. ¿Qué día de la semana es el 21 de marzo (*March*)? _______________
2. ¿Qué día de la semana es el 7 de abril? _______________
3. ¿Qué día de la semana es el 2 de marzo? _______________
4. ¿Qué día de la semana es el 28 de marzo? _______________
5. ¿Qué día de la semana es el 19 de abril? _______________
6. ¿Qué día de la semana es el 12 de marzo? _______________
7. ¿Qué día de la semana es el 3 de abril? _______________
8. ¿Qué día de la semana es el 22 de abril? _______________
9. ¿Qué día de la semana es el 31 de marzo? _______________
10. ¿Qué día de la semana es el 9 de abril? _______________

4 **Completar** Complete these sentences using words from the word bank.

arte	computación	geografía	laboratorio	tarea
biblioteca	examen	horario	profesora	universidad

1. La _______________ de español es de México.
2. El _______________ dice (*says*) a qué hora son las clases.
3. A las once hay un _______________ de biología.
4. Martín es artista y toma (*takes*) una clase de _______________.
5. Hay veinte computadoras en la clase de _______________.
6. Los experimentos se hacen (*are made*) en el _______________.
7. Hay muchos libros en la _______________.
8. Los mapas son importantes en el curso de _______________.

Nombre ______________________ Fecha ______________________

GRAMÁTICA

2.1 Present tense of regular –ar verbs

1 **El presente** Write the missing forms of each verb.

Present tense					
Infinitivo	**yo**	**tú**	**usted, él, ella**	**nosotros/as**	**ustedes, ellos**
1. cantar	______	______	______	______	______
2. ______	pregunto	______	______	______	______
3. ______	______	contestas	______	______	______
4. ______	______	______	practica	______	______
5. ______	______	______	______	deseamos	______
6. ______	______	______	______	______	llevan

2 **Completar** Complete these sentences using the correct form of the verb in parentheses.

1. Los turistas ______________________ (viajar) en un autobús.
2. Elena y yo ______________________ (hablar) español en clase.
3. Los estudiantes ______________________ (llegar) a la residencia estudiantil.
4. Yo ______________________ (dibujar) un reloj en la pizarra.
5. La señora García ______________________ (comprar) libros en la librería de la universidad.
6. Francisco y tú ______________________ (regresar) de la biblioteca.
7. El semestre ______________________ (terminar) en mayo (*May*).
8. Tú ______________________ (buscar) a tus (*your*) compañeros de clase en la cafetería.

3 **¿Qué hacen?** *(What do they do?)* Complete each sentence with the correct verb form so that the sentence makes sense.

busco	esperan	toman
conversas	regresamos	trabaja

1. Nosotras ______________________ a las seis de la tarde.
2. Muchos estudiantes ______________________ el curso de periodismo.
3. Rosa y Laura no ______________________ a Manuel.
4. Tú ______________________ con los chicos en la residencia estudiantil.
5. El compañero de cuarto de Jaime ______________________ en el laboratorio.
6. Yo ______________________ un libro en la biblioteca.

Workbook

4 **Oraciones** Form sentences using the words provided. Use the correct present tense or infinitive form of each verb.

1. Una estudiante / desear / hablar / con su profesora de biología.
2. Los profesores / contestar / las preguntas (*questions*) de los estudiantes.
3. (Nosotros) / esperar / viajar / a Madrid.
4. (Yo) / necesitar / practicar / los verbos en español.

5 **Negativo** Rewrite these sentences to make them negative.

1. Juanita y Raúl trabajan en la biblioteca.
2. El conductor llega al mediodía.
3. Deseo comprar tres cuadernos.
4. El estudiante espera a la profesora.
5. Estudiamos a las seis de la mañana.
6. Te gusta usar (*use*) la computadora.

6 **¿Y tú?** Use complete sentences to answer these yes or no questions.

modelo
¿Bailas tango?
No, no bailo tango.

1. ¿Estudias biología en la universidad?
2. ¿Conversas mucho con los compañeros de clase?
3. ¿Esperas estudiar administración de empresas?
4. ¿Te gustan las lenguas extranjeras?
5. ¿Te gusta escuchar música jazz?

Nombre ______________________ Fecha ______________________

Workbook

2.2 Forming questions in Spanish

1 **Las preguntas** Make questions out of these statements by inverting the word order.

1. Ustedes son de Puerto Rico.
2. El estudiante dibuja un mapa.
3. Los turistas llegan en autobús.
4. La clase termina a las dos de la tarde.
5. Samuel trabaja en la biblioteca.
6. Los chicos miran un programa de televisión.
7. El profesor Miranda enseña sociología.
8. Isabel compra cinco libros de historia.
9. Mariana y Javier estudian para (*for*) el examen.
10. Ellas conversan en la cafetería de la universidad.

2 **Seleccionar** Choose an interrogative word from the list to write a question that corresponds with each response.

Adónde	Cuántos	Por qué	Quién
Cuándo	De dónde	Dónde	Qué

1. ______________________
Paco y Rosa caminan a la biblioteca.
2. ______________________
El profesor de español es de México.
3. ______________________
Hay quince estudiantes en la clase.
4. ______________________
El compañero de cuarto de Jaime es Manuel.
5. ______________________
La clase de física es en el laboratorio.
6. ______________________
Julia lleva una computadora portátil.
7. ______________________
El programa de televisión termina a las diez.
8. ______________________
Estudio biología porque (*because*) me gusta el laboratorio.

Workbook

3 **Muchas preguntas** Form three different questions from each statement.

modelo

Ana habla por teléfono.
¿Habla Ana por teléfono?
Ana habla por teléfono, ¿no?
Ana habla por teléfono, ¿verdad?

1. Sara canta en el coro (*choir*) de la universidad.

______
______
______

2. Tú buscas el libro de arte.

______
______
______

3. El profesor Gutiérrez enseña contabilidad.

______
______
______

4. Ustedes necesitan hablar con el profesor de historia.

______
______
______

4 **¿Qué palabra?** Write the interrogative word or phrase that makes sense in each question.

1. ¿______ es la clase de administración de empresas?
   Es en la biblioteca.
2. ¿______ estudias para los exámenes de matemáticas?
   Estudio por la noche (*at night*).
3. ¿______ es el profesor de inglés?
   Es de los Estados Unidos.
4. ¿______ libros hay en la clase de biología?
   Hay diez libros.
5. ¿______ caminas con (*with*) Olga?
   Camino a la clase de biología con Olga.
6. ¿______ enseña el profesor Hernández en la universidad?
   Enseña matemáticas.
7. ¿______ llevas cinco libros en la mochila?
   Porque regreso de la biblioteca.
8. ¿______ es la profesora de física?
   Es la señora Caballero.

Workbook

2.3 The present tense of estar

1 **Están en...** Answer the questions based on the pictures. Write complete sentences.

1. ¿Dónde están Cristina y Bruno?

____

2. ¿Dónde están la profesora y el estudiante?

____

3. ¿Dónde está la puerta?

____

4. ¿Dónde está la mochila?

____

5. ¿Dónde está el pasajero?

____

6. ¿Dónde está José Miguel?

____

2 **¿Dónde están?** Use these cues and the correct form of **estar** to write complete sentences. Add any missing words.

1. libros / cerca / escritorio
____
2. ustedes / al lado / puerta
____
3. diccionario / entre / computadoras
____
4. lápices / sobre / cuaderno
____
5. estadio / lejos / residencias
____
6. mochilas / debajo / mesa
____
7. tú / en / clase de psicología
____
8. reloj / a la derecha / ventana
____
9. Rita / a la izquierda / Julio
____

Nombre ______________________ Fecha ______________________

Workbook

3 **¿Ser o estar?** Complete these sentences with the correct present-tense form of **ser** or **estar.**

1. Sonia ______________________ muy bien hoy.
2. Las sillas ______________________ delante del escritorio.
3. Ellos ______________________ estudiantes de sociología.
4. Alma ______________________ de un pueblo (*town*) de España.
5. ______________________ las diez y media de la mañana.
6. Nosotras ______________________ en la biblioteca.

4 **El libro** Complete this cell phone conversation with the correct forms of **estar.**

GUSTAVO Hola, Pablo. ¿__________ (1) en la residencia estudiantil?

PABLO Sí, __________ (2) en la residencia.

GUSTAVO Necesito el libro de física.

PABLO ¿Dónde __________ (3) el libro?

GUSTAVO El libro __________ (4) en mi cuarto (*room*), al lado de la computadora.

PABLO ¿Dónde __________ (5) la computadora?

GUSTAVO La computadora __________ (6) encima del escritorio.

PABLO ¡Aquí (*Here*) __________ (7) el libro de física!

5 **Conversación** Complete this conversation with the correct forms of **ser** and **estar**.

PILAR Hola, Irene. ¿Cómo __________ (1)?

IRENE Muy bien, ¿y tú? ¿Qué tal?

PILAR Bien, gracias. Te presento a Pablo.

IRENE Encantada, Pablo.

PILAR Pablo __________ (2) de México.

IRENE ¿De qué ciudad de México __________ (3)?

PABLO __________ (4) de Monterrey. ¿Y tú, de dónde __________ (5)?

IRENE __________ (6) de San Juan, Puerto Rico.

PILAR ¿Dónde __________ (7) Claudia, tu (*your*) compañera de cuarto?

IRENE __________ (8) en la residencia estudiantil.

PABLO Nosotros vamos a (*are going to*) la librería ahora.

PILAR Necesitamos comprar el manual del laboratorio de física.

IRENE ¿A qué hora __________ (9) la clase de física?

PABLO __________ (10) a las doce. ¿Qué hora __________ (11) ahora?

PILAR __________ (12) las once y media.

IRENE ¡Menos mal que (*fortunately*) la librería __________ (13) cerca del laboratorio!

PILAR Sí, no __________ (14) lejos de la clase. Nos vemos.

IRENE Hasta luego.

PABLO Chau.

Workbook

2.4 Numbers 31–100

1 **Números de teléfono** Provide the words for these telephone numbers.

modelo

968-3659

nueve, sesenta y ocho, treinta y seis, cincuenta y nueve

1. 776-7799
2. 543-3162
3. 483-4745
4. 352-5073
5. 888-7540
6. 566-3857
7. 492-6033
8. 780-5770

2 **¿Cuántos hay?** Use the inventory list to answer these questions about the number of items in stock at the school bookstore. Use complete sentences and write out the Spanish words for numbers.

Inventario

lápices	91	mochilas	31
plumas	85	diccionarios	43
grabadoras	72	computadoras	30
cuadernos	50	mapas	66

1. ¿Cuántos mapas hay?
2. ¿Cuántas mochilas hay?
3. ¿Cuántos diccionarios hay?
4. ¿Cuántos cuadernos hay?
5. ¿Cuántas plumas hay?
6. ¿Cuántos lápices hay?
7. ¿Cuántas computadoras hay?
8. ¿Cuántas grabadoras hay?

3 **Por ciento** Use the pie chart to complete these sentences. Write out the Spanish numbers in words.

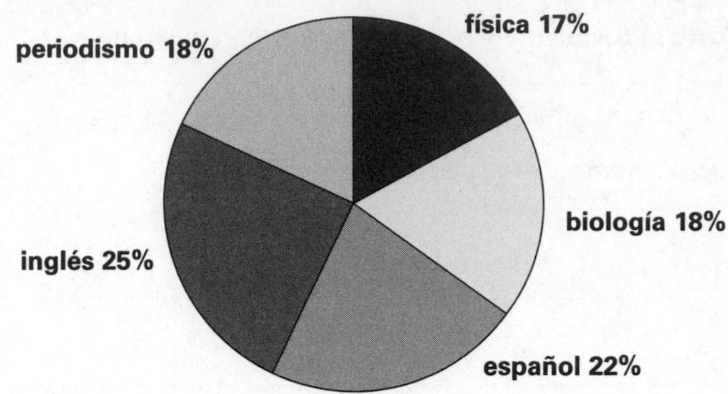

1. Un ____________ por ciento de los estudiantes estudian biología o física.
2. Un ____________ por ciento de los estudiantes estudian inglés o periodismo.
3. Un ____________ por ciento de los estudiantes no estudian ciencias (*sciences*).
4. Un ____________ por ciento de los estudiantes no estudian biología.
5. Un ____________ por ciento de los estudiantes estudian inglés o español.
6. Un ____________ por ciento de los estudiantes no estudian idiomas (*languages*).

4 **Síntesis** Imagine that a parent calls a college student during the second week of courses. Write questions that the parent might ask about the son or daughter's schedule, courses, and campus life. Use the cues provided. Then write possible answers.

modelo

¿Cuándo termina la clase de español?
La clase de español termina a las tres.

- ¿A qué hora...?
- ¿Dónde está...?
- ¿Qué cursos...?
- ¿Trabajas...?
- ¿Estudias...?
- ¿Qué días de la semana...?
- ¿Hay...?
- ¿Cuántos...?

____

____

____

____

____

____

____

____

Workbook

¡VIVAN LOS PAÍSES HISPANOS!

Estados Unidos y Canadá

1 **Un mapa** Write each of these words in the appropriate country in the map.

Montreal	Sonia Sotomayor
43.000.000 hispanos	300.000 hispanos
dos lenguas oficiales	población total: 33.000.000
desfile de puertorriqueños	La Pequeña Habana

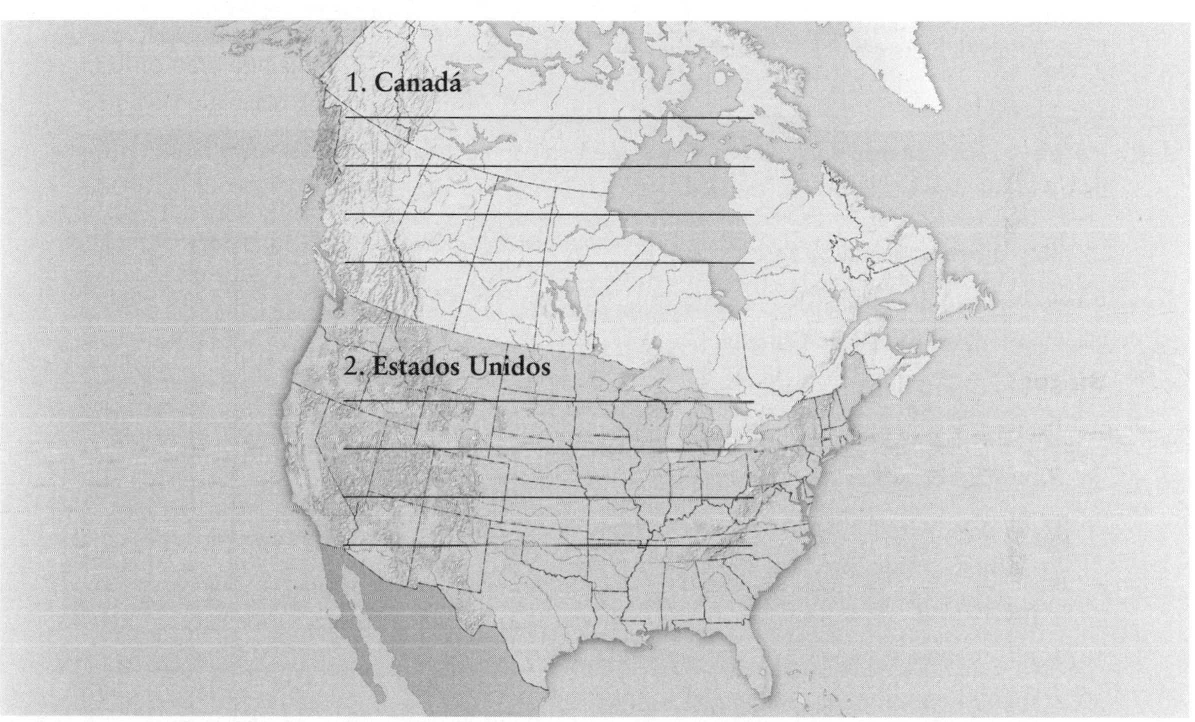

2 **Hispanos en los Estados Unidos y Canadá** Where do most Hispanics in the U.S. come from? Which state has the largest Hispanic population? Rank the regions and states from 1 (most) to 5 (least).

Hispanos en EE.UU.

_______________ Cuba

_______________ Puerto Rico

_______________ México

_______________ Centroamérica y Suramérica

_______________ Otros países

Hispanos en Canadá

_______________ Chile

_______________ El Salvador

_______________ México

_______________ Otros países

Workbook

3 **Palabras** Unscramble the words about **¡Vivan los países hispanos!** to complete the sentences.

1. QIRRTUPOESORÑEU

El desfile de junio en Nueva York celebra a los ______________________.

2. ESXCNOMIA

Los tacos son platos ______________________.

3. ABOUNC

La Pequeña Habana es un barrio ______________________.

4. MODICNANIO

Junot Díaz es de origen ______________________.

5. RFSACÉN

Una de las lenguas oficiales de Canadá es el ______________________.

4 **Palabras cruzadas** (*crossed*) Write one letter in each square. Then complete the final sentence using the new words formed in bold.

1. Hay muchos hispanos en este estado de los EE.UU.
2. Una lengua oficial de Canadá.
3. Comida popular mexicana
4. Ciudad donde está La Pequeña Habana
5. América Ferrera es de origen...
6. El 58,5% de la población hispana en los EE.UU. es de este país.
7. ¿Qué es Junot Díaz?
8. ¿Qué es Ellen Ochoa?
9. ¿Qué tipo de comida son las quesadillas?
10. El 11,6% de la población hispana en Canadá es de este país.
11. Todos los años hay uno en Nueva York.
12. ¿Qué es la Pequeña Habana?
13. Nivel de estudios de muchos hispanos en Canadá.

En los ______________________ y en Canadá viven muchos hispanos.

Nombre ______ Fecha ______

PREPARACIÓN

Lección 3

1 **La familia** Look at the family tree and describe the relationships between these people.

modelo

Eduardo / Concha
Eduardo es el padre de Concha.

1. Juan Carlos y Sofía / Pilar
______
2. Pilar / Ana María y Luis Miguel
______
3. Eduardo / Raquel
______
4. José Antonio y Ramón / Concha
______
5. Raquel / Pilar
______
6. Concha, José Antonio y Ramón / Pilar
______
7. Ana María / Raquel
______
8. Joaquín / Ana María y Luis Miguel
______

Workbook

2 **Diferente** Write the word that does not belong in each group.

1. ingeniera, médica, programadora, periodista, hijastra ______
2. cuñado, perro, yerno, suegra, nuera ______
3. sobrina, prima, artista, tía, hermana ______
4. padre, hermano, hijo, novio, abuelo ______
5. muchachos, tíos, niños, chicos, hijos ______
6. amiga, hermanastra, media hermana, madrastra ______

3 **Crucigrama** Complete this crossword puzzle.

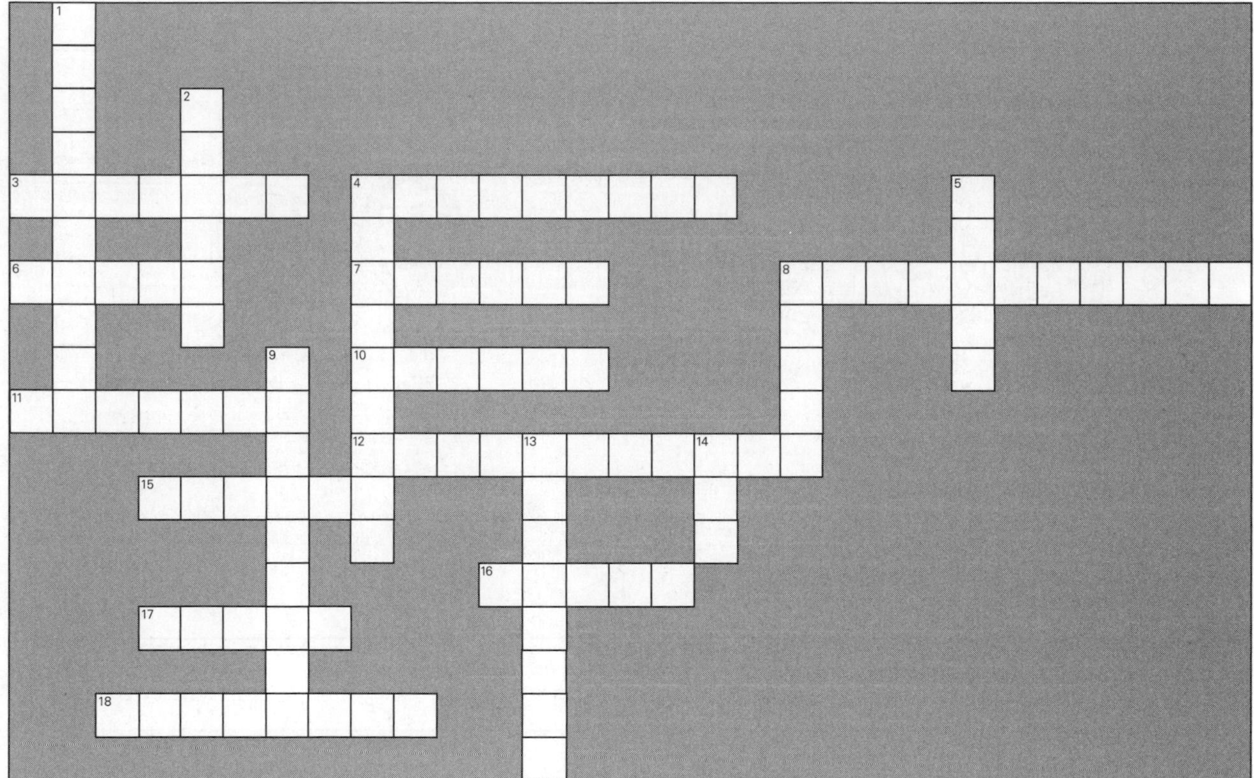

Horizontales

3. el hijo de mi hermano
4. la esposa de mi padre, pero no soy su hijo
6. el hijo de mi hija
7. el esposo de mi hermana
8. hombre que estudió (*studied*) computación
10. la madre de mi padre
11. padre, madre e (*and*) hijos
12. el hijo de mi madrastra, pero no de mi padre
15. doctor
16. tus nietos son los ______ de tus hijos
17. personas en general
18. la hija de mi esposa, pero no es mi hija

Verticales

1. mujer que escribe (*writes*) para el *New York Times*
2. compañeros inseparables
4. chicos
5. el esposo de mi madre es el ______ de mis abuelos
8. el hijo de mi tía
9. abuelos, primos, tíos, etc.
13. Pablo Picasso y Frida Kahlo
14. el hermano de mi madre

Nombre ______________________ Fecha ______________________

Workbook

GRAMÁTICA

3.1 Descriptive adjectives

1 **¿Cómo son?** Choose the adjective in parentheses that agrees with each subject to write descriptive sentences about them.

modelo

gordo, delgada

Lidia: *Lidia es delgada.*

El novio de Olga: *El novio de Olga es gordo.*

(simpático, guapos, alta, bonitas)

1. la profesora de historia: ______________________
2. David y Simón: ______________________
3. el artista: ______________________

(trabajadora, viejo, delgadas, rubios)

4. esas (*those*) muchachas: ______________________
5. el abuelo de Alberto: ______________________
6. la programadora: ______________________

2 **Descripciones** Complete each sentence with the correct forms of the adjectives in parentheses.

1. Lupe, Rosa y Tomás son ______________ (bueno) amigos.
2. Ignacio es ______________ (alto) y ______________ (guapo).
3. Lourdes y Virginia son ______________ (bajo) y ______________ (delgado).
4. Pedro y Vanesa son ______________ (moreno), pero Diana es ______________ (pelirrojo).
5. Nosotras somos ______________ (inteligente) y ______________ (trabajador).
6. Esos (*Those*) chicos son ______________ (simpático), pero son ______________ (tonto).

3 **No** Answer these questions using the adjective with the opposite meaning.

modelo

¿Es alta Rosa?

No, es baja.

1. ¿Es antipático el señor Lomas? ______________________
2. ¿Son morenas las hijas de Sara? ______________________
3. ¿Es fea la hermana de Eduardo? ______________________
4. ¿Son viejos los profesores de matemáticas? ______________________
5. ¿Son malos los nietos de la señora Sánchez? ______________________
6. ¿Es guapo el novio de Teresa? ______________________

Workbook

4 **Origen y nacionalidad** Read the names and origins of the people in this tour group. Then write sentences saying what city they are from and their nationalities.

modelo

Álvaro Estrada / Miami, Estados Unidos
Álvaro Estrada es de Miami. Es estadounidense.

1. Keiko y Benkei Taguchi / Tokio, Japón ______
2. Pierre y Marie Lebrun / Montreal, Canadá ______
3. Luigi Mazzini / Roma, Italia ______
4. Elizabeth Mitchell / Londres, Inglaterra (*England*) ______
5. Roberto Morales / Madrid, España ______
6. Andrés y Patricia Padilla / Quito, Ecuador ______
7. Paula y Cecilia Robles / San Juan, Puerto Rico ______
8. Conrad Schmidt / Berlín, Alemania (*Germany*) ______
9. Antoinette y Marie Valois / París, Francia ______
10. Marta Zedillo / Guadalajara, México ______

5 **Completar** Complete each sentence with the correct form of each adjective in parentheses.

(bueno)

1. La clase de matemáticas es muy ______.
2. Rogelio es un ______ compañero de cuarto.
3. Agustina compra una ______ mochila para los libros.
4. Andrés y Guillermo son muy ______ amigos.

(malo)

5. Federico es antipático y una ______ persona.
6. Ahora es un ______ momento para descansar.
7. La comida (*food*) de la cafetería es ______.
8. Son unas semanas ______ para viajar.

(grande)

9. Hay un ______ evento en el estadio hoy.
10. Los problemas en esa (*that*) familia son muy ______.
11. La biblioteca de la universidad es ______.
12. La prima de Irma es una ______ amiga.

Nombre ______________________ Fecha ______________________

Workbook

3.2 Possessive adjectives

1 **¿De quién es?** Answer each question affirmatively using the correct possessive adjective.

modelo
¿Es tu maleta?
Sí, es mi maleta.

1. ¿Es la mochila de Adela? ______________________
2. ¿Es mi clase de español? ______________________
3. ¿Son los papeles de la profesora? ______________________
4. ¿Es el diccionario de tu compañera de cuarto? ______________________
5. ¿Es tu novia? ______________________
6. ¿Son los lápices de ustedes? ______________________

2 **Familia** Write the appropriate forms of the possessive adjectives indicated in parentheses.

1. ______________ (*My*) cuñada, Isabella, es italiana.
2. ______________ (*Their*) parientes están en Ecuador.
3. ¿Quién es ______________ (*your* fam.) tío?
4. ______________ (*Our*) padres regresan a las diez.
5. Es ______________ (*his*) tarea de matemáticas.
6. Linda y María son ______________ (*my*) hijas.
7. ¿Dónde trabaja ______________ (*your* form.) esposa?
8. ______________ (*Our*) familia es grande.

3 **Clarificar** Add a prepositional phrase that clarifies to whom the items belong.

modelo
¿Es su libro? (ellos)
¿Es el libro de ellos?

1. ¿Cuál es su problema? (ella)

____

2. Trabajamos con su madre. (ellos)

____

3. ¿Dónde están sus papeles? (ustedes)

____

4. ¿Son sus plumas? (ella)

____

5. ¿Quiénes son sus compañeros de cuarto? (él)

____

6. ¿Cómo se llaman sus sobrinos? (usted)

____

Nombre ____________________ Fecha ____________________

Workbook

4 **Posesiones** Write sentences using possessive adjectives to indicate who owns these items.

modelo
Yo compro un escritorio.
Es mi escritorio.

1. Ustedes compran cuatro sillas. ____________________
2. Tú compras una mochila. ____________________
3. Nosotros compramos una mesa. ____________________
4. Yo compro una maleta. ____________________
5. Él compra unos lápices. ____________________
6. Ellos compran una grabadora. ____________________

5 **Mi familia** Inés is talking about her family. Complete her description with the correct possessive adjectives.

Somos cinco hermanos. Graciela, Teresa y Carmen son ______(1)______ hermanas. Francesca es ______(2)______ cuñada. Es la esposa de ______(3)______ hermano mayor, Pablo. Francesca es italiana. ______(4)______ papás viven en Roma. Vicente es el hijo de ______(5)______ hermana mayor, Graciela. Él es ______(6)______ sobrino favorito. ______(7)______ papá se llama Marcos y es español. Ellos viven con ______(8)______ familia en Sevilla. Teresa estudia en Quito y vive con la tía Remedios y ______(9)______ dos hijos, carlos y Raquel, ______(10)______ primos. Carmen y yo vivimos con ______(11)______ papás en Portoviejo. Los papás de ______(12)______ mamá viven también con nosotros. Nosotras compartimos ______(13)______ problemas con ______(14)______ abuelos. Ellos son muy buenos. Y tú, ¿cómo es ______(15)______ familia?

6 **Preguntas** Answer these questions using possessive adjectives and the words in parentheses.

modelo
¿Dónde está tu amiga? (Quito)
Mi amiga está en Quito.

1. ¿Cómo es tu padre? (alto y moreno)
____
2. José, ¿dónde están mis papeles? (en el escritorio)
____
3. ¿Cómo es la escuela de Felipe? (pequeña y vieja)
____
4. ¿Son mexicanos los amigos de ustedes? (puertorriqueños)
____
5. Mami, ¿dónde está mi tarea? (en la mesa)
____

Nombre ____________________ Fecha ____________________

3.3 Present tense of regular –er and –ir verbs

1 **Conversaciones** Complete these conversations with the correct forms of the verbs in parentheses.

(leer)

1. —¿Qué ____________________, Ana?
2. —____________________ un libro de historia.

(vivir)

3. —¿Dónde ____________________ ustedes?
4. —Nosotros ____________________ en Nueva York. ¿Y tú?

(comer)

5. —¿Qué ____________________ ustedes?
6. —Yo ____________________ un sándwich y Eduardo ____________________ pizza.

(deber)

7. —Profesora, ¿____________________ abrir nuestros libros ahora?
8. —Sí, ustedes ____________________ abrir los libros en la página (*page*) 87.

(escribir)

9. —¿____________________ un libro, Melinda?
10. —Sí, ____________________ un libro para niños.

2 **Oraciones** Write complete sentences using the correct forms of the verbs in parentheses.

1. (Nosotros) (Escribir) muchas composiciones en la clase de inglés.
   ____
2. Esteban y Luisa (aprender) a bailar tango.
   ____
3. ¿Quién no (comprender) la lección de hoy?
   ____
4. (Tú) (Deber) comprar un mapa de Quito.
   ____
5. Ellos no (recibir) muchas cartas (*letters*) de sus padres.
   ____
6. (Yo) (Buscar) unas fotos de mis primos.
   ____

3 **¿Qué verbo es?** Choose the most logical verb to complete each sentence, using the correct form.

1. Tú ____________________ (abrir, correr, decidir) en el parque (*park*), ¿no?
2. Yo ____________________ (asistir, compartir, leer) a conciertos de Juanes.
3. ¿____________________ (aprender, creer, deber) a leer tu sobrino?
4. Yo no ____________________ (beber, vivir, comprender) la tarea de física.
5. Los estudiantes ____________________ (escribir, beber, comer) hamburguesas en la cafetería.
6. Mi esposo y yo ____________________ (decidir, leer, deber) el *Miami Herald*.

Nombre ____________________ Fecha ____________________

Workbook

4 **Reescribir** Rewrite each sentence using the subject in parentheses. Change the verb form and possessive adjectives as needed.

modelo

No asistimos a clase los domingos. (yo)
No asisto a clase los domingos.

1. Rubén cree que la lección 3 es fácil. (ellos)

   ____

2. Mis hermanos comen hamburguesas en la cafetería. (la gente)

   ____

3. Aprendemos a hablar, leer y escribir en la clase de español. (yo)

   ____

4. Sandra escribe en su diario todos los días (*every day*). (tú)

   ____

5. Comparto mis problemas con mis padres. (Víctor)

   ____

6. Vives en una residencia interesante y bonita. (nosotras)

   ____

5 **Descripciones** Look at the drawings and use these verbs to describe what the people are doing.

abrir aprender comer leer

1. Nosotros ____________________

2. Yo ____________________

3. Mirta ____________________

4. Los estudiantes ____________________

Workbook

3.4 Present tense of tener and venir

1 **Completar** Complete these sentences with the correct forms of **tener** and **venir**.

1. ¿A qué hora ____________ ustedes al estadio?
2. ¿____________ tú a la universidad en autobús?
3. Nosotros ____________ una prueba de psicología mañana.
4. ¿Por qué no ____________ Juan a la clase de historia?
5. Yo ____________ dos hermanos y mi prima ____________ tres.
6. ¿____________ ustedes fotos de sus parientes?
7. Mis padres ____________ unos amigos japoneses.
8. Inés ____________ con su esposo y yo ____________ con Ernesto.
9. Marta y yo no ____________ al laboratorio los sábados.
10. ¿Cuántos nietos ____________ tú?
11. Yo ____________ una clase de contabilidad a las once de la mañana.
12. Mis amigos ____________ a comer a la cafetería hoy.

2 **¿Qué tienen?** Rewrite each sentence, using the logical expression with **tener**.

1. Los estudiantes (tienen hambre, tienen miedo de) tomar el examen de química.

   ____

2. Las turistas (tienen sueño, tienen prisa) por llegar al autobús.

   ____

3. Mi madre (tiene cincuenta años, tiene razón) siempre (*always*).

   ____

4. Vienes a la cafetería cuando (*when*) (tienes hambre, tienes frío).

   ____

5. (Tengo razón, Tengo frío) en la biblioteca porque abren las ventanas.

   ____

6. Rosaura y María (tienen calor, tienen ganas) de mirar la televisión.

   ____

7. Nosotras (tenemos cuidado, no tenemos razón) con el sol (*sun*).

   ____

8. David toma mucha agua cuando (*when*) (tiene miedo, tiene sed).

   ____

Workbook

3 **Expresiones con *tener*** Complete each sentence with the correct expression and the appropriate form of **tener**.

tener cuidado	tener miedo	tener mucha hambre	tener que
tener ganas	tener mucha suerte	tener prisa	tener razón

1. Mis sobrinos ______________________ del perro de mis abuelos porque es muy grande.
2. Necesitas ______________________ con la computadora portátil (*laptop*). Es muy frágil (*fragile*).
3. Yo ______________________ practicar el vocabulario de español.
4. Lola y yo ______________________ de escuchar música latina.
5. Anita cree que (*that*) dos más dos son cinco. Ella no ______________________.
6. Ganas (*You win*) cien dólares en la lotería. Tú ______________________.

4 **Síntesis** Choose an interesting relative of yours and write a description of that person. Answer these questions in your description.

1. ¿Quién es?
2. ¿Cómo es?
3. ¿De dónde viene?
4. ¿Cuántos hermanos/primos/hijos tiene?
5. ¿Cómo es su familia?
6. ¿Dónde vive?
7. ¿Cuántos años tiene?
8. ¿De qué tiene miedo?

Nombre ____________________ Fecha ____________________

PREPARACIÓN

Lección 4

Workbook

1 **Los deportes** Name the sport associated with each object. Include the definitive article.

1. ____________________

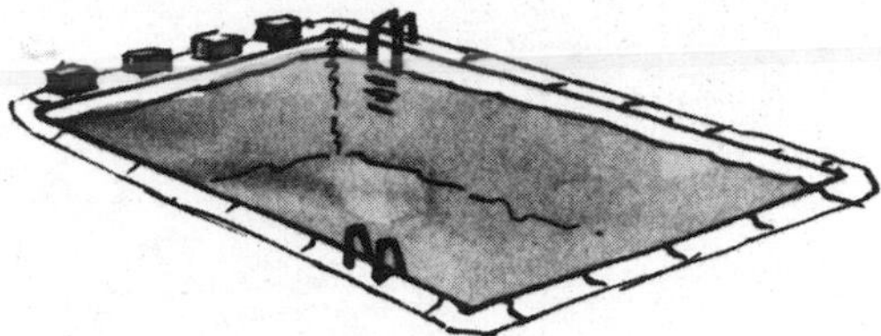

2. ____________________

3. ____________________

4. ____________________

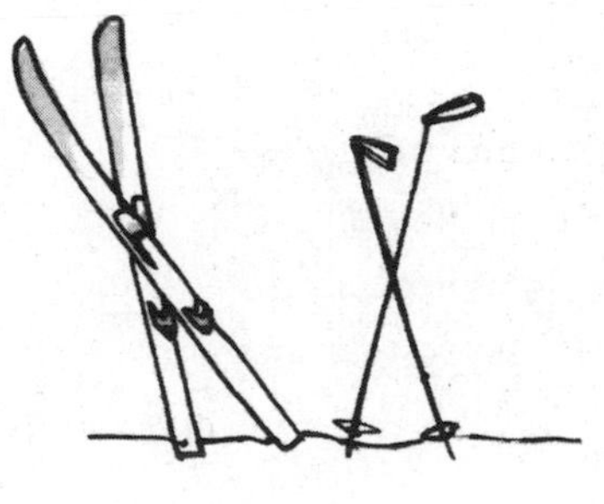

5. ____________________

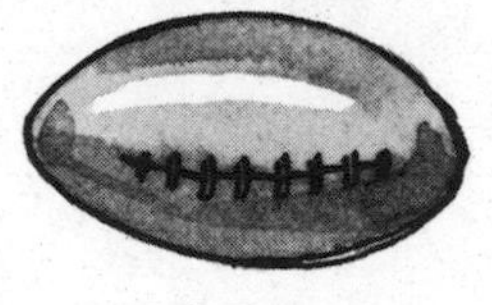

6. ____________________

2 **Una es diferente** Write the word that does not belong in each group.

1. pasatiempo, diversión, ratos libres, trabajar ____________________
2. patinar, descansar, esquiar, nadar, bucear ____________________
3. baloncesto, películas, fútbol, tenis, vóleibol ____________________
4. museo, equipo, jugador, partido, aficionados ____________________
5. correo electrónico, revista, periódico, tenis ____________________
6. cine, aficionado, gimnasio, piscina, restaurante ____________________

3 **¿Qué son?** Write each of these words in the appropriate column in the chart.

aficionado/a	excursionista	jugador(a)
baloncesto	fútbol	montañas
béisbol	gimnasio	restaurante

Deportes	Lugares	Personas

4 **El fin de semana** Complete the paragraph about Álex's weekend with the appropriate word from the word bank.

Álex

el cine	el monumento	una pelota
la ciudad	un museo	el periódico
deportes	la natación	la piscina
el gimnasio	el partido	un restaurante

Siempre leo ______________ (1) los domingos por la mañana. Después, me gusta practicar ______________ (2). A veces, nado en ______________ (3) que hay en el parque. Cuando no nado, hago ejercicio (*exercise*) en ______________ (4). Cuando hay mucho tráfico en ______________ (5), voy al gimnasio en bicicleta. Cuando no como en casa, como en ______________ (6) con mis amigos, y luego nosotros vemos ______________ (7) de beisbol. Algunos días, veo películas. Me gusta más ver películas en ______________ (8) que en mi casa.

Nombre ______________________ Fecha ______________________

Workbook

GRAMÁTICA

4.1 The present tense of ir

1 **Vamos a la universidad** Complete the paragraph with the correct forms of **ir.**

Alina, Cristina y yo somos buenas amigas. (Nosotras) ________ (1) a la universidad a las ocho de la mañana todos los días (*every day*). Ellas y yo ________ (2) al centro de computación y leemos el correo electrónico. A las nueve Alina y Cristina ________ (3) a su clase de psicología y yo ________ (4) a mi clase de historia. A las diez y media yo ________ (5) a la biblioteca a estudiar. A las doce (yo) ________ (6) a la cafetería y como con ellas. Luego (*Afterward*), Alina y yo ________ (7) a practicar deportes. Yo ________ (8) a practicar fútbol y Alina ________ (9) a la piscina. Cristina ________ (10) a trabajar en la librería. Los fines de semana Alina, Cristina y yo ________ (11) al cine.

2 **Sujetos diferentes** Rewrite each sentence using the subject in parentheses. Change the forms of **ir** as needed.

1. Sergio y yo vamos a casa de Pablo el viernes. (Tomás)

____

2. Ustedes van a la librería a comprar unos cuadernos. (Los estudiantes)

____

3. Voy a la residencia estudiantil a buscar la mochila. (Tú)

____

4. Susana va al estadio a practicar hockey. (Yo)

____

5. Vas al museo en autobús. (Nosotras)

____

6. El papá de Javier va mucho al cine. (Mario y tú)

____

Workbook

3 **Preguntas** Answer these questions in complete sentences using the words in parentheses.

1. ¿Adónde va Ana hoy? (al laboratorio)
______
2. ¿Cuándo van a bailar tus amigos? (mañana)
______
3. ¿A qué hora vas a la clase de música? (a las 10:45)
______
4. ¿Cuándo va José a Boston? (en septiembre)
______
5. ¿Dónde vas a leer el correo electrónico? (en la residencia estudiantil)
______
6. ¿Dónde va a nadar el novio de Silvia? (en la piscina)
______
7. ¿Adónde va el autobús número diez? (al parque municipal)
______
8. ¿Dónde vas a trabajar los sábados? (en la biblioteca)
______

4 **¡Vamos!** Rewrite these sentences using **ir a** + *infinitive* to say what activities these people are going to do tomorrow.

1. La familia García va al parque.
______
2. Los jugadores ganan el partido.
______
3. Los excursionistas escalan montañas.
______
4. Gisela lee su correo electrónico.
______
5. Tú decides ir al laboratorio de química.
______
6. Mis compañeros de clase y yo visitamos la biblioteca del Congreso en Washington, D.C.
______
7. El profesor de historia prepara un examen difícil.
______
8. Escribo postales.
______

Nombre Fecha

4.2 Stem-changing verbs: e→ie, o→ue

Workbook

1 **Los verbos** Complete these sentences with the correct forms of the verbs in parentheses.

1. Mi abuelo ______________ (pensar) que la educación es muy importante.
2. El equipo de béisbol de mi residencia no ______________ (perder) nunca (*never*).
3. Marcelo ______________ (volver) a la universidad el lunes.
4. ¿A qué hora ______________ (empezar) los partidos?
5. (Nosotros) ______________ (dormir) en la montaña cuando vamos de excursión.
6. Mis padres ______________ (cerrar) las ventanas porque tienen frío.
7. El ilustrador ______________ (mostrar) sus dibujos en la galería.
8. (Yo) ______________ (recordar) el primer (*first*) día de clases en la universidad.
9. ¿______________ (querer) (tú) ir a visitar los monumentos con nosotros?
10. (Yo) No ______________ (encontrar) mis notas para el examen de mañana.

2 **Oraciones** Write complete sentences using the cues provided.

1. Vicente y Francisco / jugar / al vóleibol los domingos

____

2. Adela y yo / empezar / a tomar clases de tenis

____

3. ustedes / volver / de Cancún el viernes

____

4. los jugadores de béisbol / recordar / el partido importante

____

5. la profesora / querer / leer el periódico

____

6. el excursionista / preferir / escalar la montaña de noche

____

7. (yo) / dormir / ocho horas al día

____

8. Miguel / poder / salir / a las seis

____

9. Silvina y Carlos / no encontrar / el museo

____

10. (tú) / cerrar / los libros y te vas a dormir

____

3 **No, no quiero** Answer these questions negatively, using complete sentences.

modelo

¿Puedes ir a la biblioteca a las once?
No, no puedo ir a la biblioteca a las once.

1. ¿Quieren ustedes patinar en línea con nosotros?
2. ¿Empiezan ellas a practicar deportes mañana?
3. ¿Prefieres jugar al fútbol a nadar en la piscina?
4. ¿Duermen tus sobrinos en casa de tu abuela?
5. ¿Juegan ustedes al baloncesto en la universidad?
6. ¿Piensas que la clase de química orgánica es difícil?
7. ¿Encuentras el programa de computadoras en la librería?
8. ¿Vuelven ustedes a casa los fines de semana?
9. ¿Puedo tomar el autobús a las once de la noche?
10. ¿Entendemos la tarea de psicología?

4 **Correo electrónico** Complete this e-mail message with the correct form of the logical verb. Use each verb once.

comprar
dormir
empezar
entender
jugar
pensar
poder
preferir
querer
volver

Para Daniel Moncada **De** Raúl **Asunto** Saludo

Daniel:

¿Qué tal? Estoy con Mario en el centro de computación de la universidad. Los exámenes ______ (1) mañana. Mario y yo no ______ (2) muchas horas en la noche porque tenemos que estudiar mucho. Tú ______ (3) cómo estamos, ¿no?

Yo ______ (4) que los exámenes serán (*will be*) muy difíciles. Tengo muchas ganas de volver al pueblo. Cuando ______ (5) al pueblo puedo descansar. Yo ______ (6) el pueblo a la ciudad. ______ (7) volver pronto.

Si (*If*) Mario y yo ______ (8) pasajes (*tickets*) de autobús el viernes, ______ (9) pasar el fin de semana contigo y con mi familia. En casa (*At home*) mis hermanos y yo ______ (10) al fútbol en nuestro tiempo libre.

Nos vemos,
Raúl

Nombre ______________________ Fecha ______________________

Workbook

4.3 Stem-changing verbs: e→i

1 **Completar** Complete these sentences using the correct form of the verb provided.

1. Al entrar al cine, mis hermanos ______________ (pedir) una soda.
2. Mis hermanos dicen que ______________ (preferir) las películas de acción.
3. Nosotros ______________ (decidir) ver la película de las seis y media.
4. Mis hermanos y yo ______________ (conseguir) entradas (*tickets*) para estudiantes.
5. Yo ______________ (repetir) el diálogo para mis hermanos.
6. Mis hermanos son pequeños y no ______________ (seguir) bien la película.

2 **Conversaciones** Complete these conversations with the correct form of the verbs in parentheses.

(pedir)

1. —¿Qué ______________ para comer, José?
2. —______________ pollo con ensalada.

(conseguir)

3. —¿Dónde ______________ ustedes entradas (*tickets*) para estudiantes?
4. —Nosotros las ______________ en la oficina de la escuela.

(repetir)

5. —¿Quién ______________ el poema que voy a leer?
6. —Yo ______________ el poema, profesora.

(seguir)

7. —¿Qué equipo ______________ Manuel y Pedro?
8. —Pedro ______________ a los Red Sox y Manuel ______________ a los Yankees de Nueva York.

3 **¿Qué haces?** Imagine that you are writing in your diary. Choose at least five of these phrases and describe what you do on any given day. You should add details you feel are necessary.

conseguir hablar español	**pedir una pizza**
conseguir el periódico	**repetir una pregunta (*question*)**
pedir un libro	**seguir las instrucciones**

____

____

____

____

____

____

4 **Las películas** Read the paragraph. Then answer the questions using complete sentences.

Gastón y Lucía leen el periódico y deciden ir al cine. Un crítico dice que *El café en el centro* es buena. Ellos siguen la recomendación. Quieren conseguir entradas (*tickets*) para estudiantes, que son más baratas. Para conseguir entradas para estudiantes, deben ir a la oficina de la escuela antes de las seis de la tarde. La oficina cierra a las seis. Ellos corren para llegar a tiempo. Cuando llegan, la oficina está cerrada y la secretaria está afuera (*outside*). Ellos le piden un favor a la secretaria. Explican que no tienen mucho dinero y necesitan entradas para estudiantes. La secretaria sonríe *(smiles)* y dice: "Está bien, pero es la última vez (*last time*)".

1. ¿Qué deciden hacer Gastón y Lucía?
2. ¿Siguen la recomendación de quién?
3. ¿Por qué Gastón y Lucía quieren conseguir entradas para estudiantes?
4. ¿Cómo y cuándo pueden conseguir entradas para estudiantes?
5. ¿Qué ocurre cuando llegan a la oficina de la escuela?
6. ¿Qué le piden a la secretaria? ¿Crees que les vende las entradas?

5 **Contestar** Answer these questions, using complete sentences.

1. ¿Cómo consigues buenas calificaciones (*grades*)?
2. ¿Dónde pides pizza?
3. ¿Sigues a algún (*any*) equipo deportivo?
4. ¿Consigues entender la televisión en español?
5. ¿Qué programas repiten en la televisión?

Nombre ______________________ Fecha ______________________

4.4 Verbs with irregular yo forms

1 **Hago muchas cosas** Complete each sentence by choosing the best verb and writing its correct form.

1. (Yo) ______________ (oír, suponer, salir) un disco de música latina.
2. (Yo) ______________ (poner, oír, suponer) la hamburguesa y la soda sobre la mesa.
3. (Yo) ______________ (salir, hacer, suponer) la tarea porque hay un examen mañana.
4. (Yo) ______________ (traer, salir, hacer) a mi sobrina a mi clase de baile.
5. (Yo) ______________ (salir, suponer, ver) una película sobre un gran equipo de béisbol.
6. (Yo) ______________ (ver, salir, traer) a bailar los jueves por la noche.
7. (Yo) ______________ (hacer, poner, suponer) que la película es buena, pero no estoy seguro (*sure*).
8. (Yo) ______________ (traer, salir, hacer) mi computadora portátil (*laptop*) a clase en la mochila.

2 **Completar** Complete these sentences with the correct verb. Use each verb in the **yo** form once.

hacer	suponer
oír	traer
salir	ver

1. ______________ para la clase a las dos.
2. Los fines de semana ______________ mi computadora a casa.
3. ______________ que tu novio es muy simpático, ¿no?
4. Por las mañanas ______________ música en la radio.
5. Cuando tengo hambre, ______________ un sándwich.
6. Para descansar, ______________ películas en la televisión.

3 **Preguntas** Answer these questions, using complete sentenses.

1. ¿Adónde sales a bailar con tus amigos?

____

2. ¿Ves partidos de béisbol todos los fines de semana?

____

3. ¿Oyes música clásica?

____

4. ¿Traes una computadora portátil (*laptop*) a clase?

____

5. ¿Cómo supones que va a ser el examen de español?

____

6. ¿Adónde sales a comer los sábados?

____

4 **La descripción** Read this description of Marisol. Then imagine that you are Marisol, and write a description of yourself based on the information you read. The first sentence has been done for you.

Marisol es estudiante de biología en la universidad. Hace sus tareas todas (*every*) las tardes y sale por las noches a bailar o a comer en un restaurante cerca de la universidad. Los fines de semana, Marisol va a su casa a descansar, pero (*but*) trae sus libros. En los ratos libres, oye música o ve una película en el cine. Si hay un partido de fútbol, Marisol pone la televisión y ve los partidos con su papá. Hace algo (*something*) de comer y pone la mesa (*sets the table*).

Soy estudiante de biología en la universidad. ______

5 **Síntesis** Interview a classmate about his or her pastimes, weekend activities, and favorite sports. Use these questions as a guideline, and prepare several more before the interview. Then, write it up in a question-and answer format, using your subject's exact words.

- ¿Cuáles son tus pasatiempos? ¿Dónde los practicas?
- ¿Cuál es tu deporte favorito? ¿Practicas ese deporte? ¿Eres un(a) gran aficionado/a? ¿Tu equipo favorito pierde muchas veces? ¿Quién es tu jugador(a) favorito/a?
- ¿Adónde vas los fines de semana? ¿Qué piensas hacer el viernes?
- ¿Duermes mucho durante los fines de semana? ¿Vuelves a casa muy tarde (*late*)?

Nombre ______________________ Fecha ______________________

Workbook

¡VIVAN LOS PAÍSES HISPANOS!

México

1 **Completar** Complete the following sentences using the correct words.

1. El 16 de septiembre en México celebran ______________________.
2. A las celebraciones del 16 de septiembre se les llama ______________________.
3. Diego Rivera y Frida Kahlo son los ______________________ mexicanos más famosos.
4. Los dos se interesaron en ______________ de la gente indígena.
5. Los pueblos mayas habitaron el ______________ de México y ______________.
6. Los mayas crearon templos religiosos en forma de ______________________.
7. México es el país que produce más (*most*) ______________ en el mundo (*world*).
8. ______________ y Durango son dos estados que tienen yacimientos (*deposits*) de plata.

2 **¿Qué hacen?** Write complete sentences using the cues below.

1. La moneda mexicana / ser / ¿? ______________________
2. Los mayas / crear / ¿? ______________________
3. En el Museo de Arte Moderno de la Ciudad de México / tú / poder / ¿?

   ____
4. En Acapulco miles de turistas / visitar / ¿? ______________________
5. Los mexicanos / celebrar / ¿? ______________________
6. La capital de México / tener una población / ¿?

   ____

3 **Palabras** Using the clues, rearrange the letters to spell words from **Aventuras en los países hispanos.**

1. AL EUQDABAR ______________________
   Lugar de Acapulco donde saltan los clavadistas.
2. EMACONIX ______________________
   Un hombre nacido en México.
3. DACUDI ZÁUJER ______________________
   Ciudad que está en la frontera entre México y los Estados Unidos.
4. MÁPEDIRI ______________________
   Forma de los templos religiosos mayas.
5. NGADORU ______________________
   Estado mexicano que produce mucha plata.
6. ALETAGAUM ______________________
   País que tiene frontera con México.

Nombre ____________________ Fecha ____________________

4 **Las fotos** Identify each photo.

1. ____________________

2. ____________________

3. ____________________

4. ____________________

5 **Preguntas** Answer the following questions in complete sentences.

1. ¿Cuáles son las cinco ciudades principales de México?

____

2. ¿Qué países hacen frontera (*border*) con México?

____

3. ¿Cuál es un río importante de México?

____

4. ¿Qué ciudad mexicana importante está en la frontera con los Estados Unidos?

____

5. ¿En qué se interesaron Frida Kahlo y Diego Rivera?

____

6. ¿Dónde hay exhibiciones de algunas de las obras de Frida Kahlo y Diego Rivera?

____

7. ¿Cómo celebran los mexicanos la independencia de su país?

____

8. ¿Qué día celebran los mexicanos la independencia de su país?

____

REPASO

Lecciones 1–4

1 **¿Ser o estar?** Complete each sentence with the correct form of **ser** or **estar**.

1. Los abuelos de Maricarmen _______________ de España.
2. La cafetería de la universidad _______________ cerca del estadio.
3. Gerónimo y Daniel _______________ estudiantes de sociología.
4. —Hola, Gabriel. _______________ María. ¿Cómo _______________?
5. El cuaderno de español _______________ debajo del libro de química.
6. Victoria no viene a clase hoy porque _______________ enferma.

2 **¿Quiénes son?** Read the clues and complete the chart. Write out the numbers.

1. La persona de Estados Unidos tiene treinta y dos años.
2. David es de Canadá.
3. La programadora no es la persona de Ecuador.
4. El conductor tiene cuarenta y cinco años.
5. Gloria es artista.
6. La médica tiene cincuenta y un años.
7. La persona de España tiene ocho años menos que el conductor.
8. Ana es programadora.

Nombre	Profesión	Edad (*Age*)	Nacionalidad
Raúl	estudiante	diecinueve	mexicano
Carmen			
			estadounidense
David			
	programadora		

3 **Oraciones** Form complete sentences using the words provided. Write out the words for numbers.

1. Juan Carlos y Beto / jugar / fútbol
____
2. estudiante / llegar / grande / biblioteca / 5:30 p.m.
____
3. hay / 15 / cuadernos / sobre / escritorio
____
4. yo / aprender / español / escuela
____
5. me / gustar / viajar en autobús
____
6. ¿te / gustar / las novelas de terror?
____

Workbook

Workbook

4 **Conversación** Complete this conversación with the correct form of the verbs provided.

ALICIA ¿Qué ______ (1) (hacer) este fin de semana?

PACO No ______ (2) (tener) planes. ¿Y tú?

ALICIA El sábado ______ (3) (ir) al cine con David.

PACO ¿A qué hora ______ (4) (empezar) la película?

ALICIA ______ (5) (Suponer) que empieza a las nueve.

PACO ¿ ______ (6) (Querer) ir al restaurante *El Dorado* a las siete?

ALICIA No, gracias. No me ______ (7) (gustar) ese restaurante.

5 **Preguntas** Read the answers and ask the appropriate questions.

1. ______________________

   Vivo en la residencia estudiantil.
2. ______________________

   Tomo cinco clases.
3. ______________________

   Estudio periodismo.
4. ______________________

   Mi profesor favorito es el señor Zamora.

6 **Tu familia** Imagine that these people are your relatives. Choose one and write several sentences about that person. First, say where the person is located in the photo. Include this information: name, relationship to you, profession, age, place of origin, likes and dislikes. Describe the person and his or her weekend activities using the adjectives and verbs you have learned.

____

____

____

____

____

____

Nombre ______________________ Fecha ______________________

Workbook

PREPARACIÓN

Lección 5

1 **Viajes** Complete these sentences with the logical words.

1. Una persona que tiene una habitación en un hotel es ______________________.
2. El lugar donde los pasajeros esperan el tren es ______________________.
3. Para viajar en avión, tienes que ir ______________________.
4. Antes de entrar (*enter*) en el avión, tienes que mostrar ______________________.
5. La persona que lleva el equipaje a la habitación del hotel es ______________________.
6. Para planear (*plan*) tus vacaciones, puedes ir a ______________________.
7. Cuando entras a un país diferente, tienes que pasar por ______________________.
8. Para abrir la puerta de la habitación, necesitas ______________________.
9. Hay habitaciones baratas (*cheap*) en ______________________.
10. Cuando una persona entra en un país, tiene que mostrar ______________________.

2 **De vacaciones** Complete this conversation with the logical words.

aeropuerto	equipaje	llegada	playa
agente de viajes	habitación	pasajes	sacar fotos
cabaña	hotel	pasaportes	salida
confirmar	llave	pasear	taxi

ANTONIO ¿Llevas todo (*everything*) lo que vamos a necesitar para el viaje, Ana?

ANA Sí. Llevo los ______(1)______ para subir (*get on*) al avión. También llevo los ______(2)______ para entrar (*enter*) en Ecuador.

ANTONIO Y yo tengo el ______(3)______ con todas (*all*) nuestras cosas.

ANA ¿Tienes la cámara para ______(4)______?

ANTONIO Sí, está en mi mochila.

ANA ¿Vamos al ______(5)______ en metro?

ANTONIO No, vamos a llamar a un ______(6)______. Nos lleva directamente al aeropuerto.

ANA Voy a llamar al aeropuerto para ______(7)______ la reservación.

ANTONIO La ______(8)______ dice que está confirmada ya (*already*).

ANA Muy bien. Tengo muchas ganas de ______(9)______ por Quito.

ANTONIO Yo también. Quiero ir a la ______(10)______ y nadar en el mar.

ANA ¿Cuál es la hora de ______(11)______ al aeropuerto de Quito?

ANTONIO Llegamos a las tres de la tarde y vamos directamente al ______(12)______.

Workbook

3 Los meses

Write the appropriate month next to each description or event.

1. el Día de San Valentín ______________
2. el tercer mes del año ______________
3. Hannukah ______________
4. el Día de las Madres ______________
5. el séptimo mes del año ______________
6. el Día de Año Nuevo (*New*) ______________

4 Las estaciones

Answer these questions using complete sentences.

1. ¿Qué estación sigue al invierno? ______________
2. ¿En qué estación va mucha gente a la playa? ______________
3. ¿En qué estación empiezan las clases? ______________

5 El tiempo

Answer these questions with complete sentences on the weather map.

1. ¿Hace buen tiempo en Soria? ______________
2. ¿Llueve en Teruel? ______________
3. ¿Hace sol en Girona? ______________
4. ¿Está nublado en Murcia? ______________
5. ¿Nieva en Cáceres? ______________
6. ¿Qué tiempo hace en Salamanca? ______________
7. ¿Hace viento cerca de Castellón? ______________
8. ¿Qué tiempo hace en Almería? ______________
9. ¿Está nublado en Las Palmas? ______________
10. ¿Hace buen tiempo en Lleida? ______________

Nombre ______________________ Fecha ______________________

Workbook

GRAMÁTICA

5.1 Estar with conditions and emotions

1

¿Por qué? Choose the best phrase to complete each sentence.

1. José Miguel está cansado porque...
   a. trabaja mucho.
   b. su familia lo quiere.
   c. quiere ir al cine.
2. Los viajeros están preocupados porque...
   a. es la hora de comer.
   b. va a venir un huracán (*hurricane*).
   c. estudian matemáticas.
3. Maribel y Claudia están tristes porque...
   a. nieva mucho y no pueden salir.
   b. van a salir a bailar.
   c. sus amigos son simpáticos.
4. Los estudiantes están equivocados porque...
   a. estudian mucho.
   b. pasean en bicicleta.
   c. su respuesta es incorrecta.
5. Laura está enamorada porque...
   a. tiene que ir a la biblioteca.
   b. su novio es simpático, inteligente y guapo.
   c. sus amigas ven una película.
6. Mis abuelos están felices porque...
   a. vamos a pasar el verano con ellos.
   b. mucha gente toma el sol.
   c. el autobús no llega.

2

Completar Complete these sentences with the correct form of **estar** + condition or emotion.

1. No tenemos nada que hacer; ____________ muy ____________.
2. Humberto ____________ muy ____________ en su gran cama nueva (*new*).
3. Los estudiantes de filosofía no ____________ ____________; ellos tienen razón.
4. Cuando Estela llega a casa a las tres de la mañana, ____________ muy ____________.
5. La habitación ____________ ____________ porque no tengo tiempo (*time*) de organizar los libros y papeles.
6. Son las once de la noche; no puedo ir a la biblioteca ahora porque ____________ ____________.
7. El auto de mi tío ____________ muy ____________ por la nieve y el lodo (*mud*) que hay esta semana.
8. Mi papá canta en la casa cuando ____________ ____________.
9. Alberto ____________ ____________ porque sus amigos están muy lejos.
10. Las ventanas ____________ ____________ porque hace calor.

Workbook

3 **Marta y Juan** Complete this e-mail using **estar** + the correct forms of the following emotions and conditions. Try to use each term once.

abierto	cómodo	enojado	ocupado
aburrido	contento	feliz	seguro
avergonzado	desordenado	limpio	triste
cansado	enamorado	nervioso	

Querida Marta:

¿Cómo estás? Yo ________ (1) porque mañana vuelvo a Puerto Rico y por fin te voy a ver. Sé (*I know*) que tú ________ (2) porque tenemos que estar separados durante el semestre, pero ________ (3) de que (*that*) te van a aceptar en la universidad y que vas a venir en septiembre. La habitación en la residencia estudiantil no es grande, pero mi compañero de cuarto y yo ________ (4) aquí. Las ventanas son grandes y ________ (5) siempre (*always*) porque el tiempo es muy bueno en California. El cuarto no ________ (6) porque mi compañero de cuarto es muy ordenado. En la semana mis amigos y yo ________ (7) porque trabajamos y estudiamos muchas horas al día. Cuando llego a la residencia estudiantil por la noche, ________ (8) y me voy a dormir. Los fines de semana no ________ (9) porque hay muchas cosas que hacer en San Diego. Ahora ________ (10) porque mañana tengo que llegar al aeropuerto a las cinco de la mañana y tengo miedo de quedarme dormido (*fall asleep*). Pero tengo ganas de estar contigo (*with you*) porque ________ (11) de ti (*you*) y ________ (12) porque te voy a ver mañana.

Te quiero mucho,

Juan

4 **¿Cómo están?** Read each sentence, then write a new one for each, using **estar** + an emotion or condition to tell how these people are doing or feeling.

modelo

Pepe tiene que trabajar muchas horas.
Pepe está ocupado.

1. Vicente y Mónica tienen sueño. ________
2. No tenemos razón. ________
3. El pasajero tiene miedo. ________
4. Paloma se quiere casar con (*marry*) su novio. ________
5. Los abuelos de Irene van de vacaciones a Puerto Rico. ________
6. No sé (*I don't know*) si el examen va a ser fácil o difícil. ________

Workbook

5.2 The present progressive

1 **Completar** Complete these sentences with the correct form of **estar** + the present participle of the verbs in parentheses.

1. Ana ______________ (buscar) un apartamento en el centro de la ciudad.
2. Vamos a ver a mis primos que ______________ (comer) en el café de la esquina.
3. (Yo) ______________ (empezar) a entender muy bien el español.
4. Miguel y Elena ______________ (vivir) en un apartamento en la playa.
5. El amigo de Antonio ______________ (trabajar) en la oficina hoy.
6. (Tú) ______________ (jugar) al Monopolio con tu sobrina y su amiga.
7. Las familias ______________ (tener) muchos problemas con los hijos adolescentes.
8. El inspector de aduanas ______________ (abrir) las maletas de Ramón.
9. (Nosotros) ______________ (pensar) en ir de vacaciones a Costa Rica.
10. Mi compañera de cuarto ______________ (estudiar) en la biblioteca esta tarde.

2 **Están haciendo muchas cosas** Look at the illustration and label what each person is doing. Use the present progressive.

1. El señor Rodríguez ______________
______________.
2. Pepe y Martita ______________
______________.
3. Paquito ______________
______________.
4. Kim ______________
______________.
5. Tus abuelos ______________
______________.
6. (Yo) ______________
______________.
7. La madre de David ______________
______________.
8. (Tú) ______________
______________.

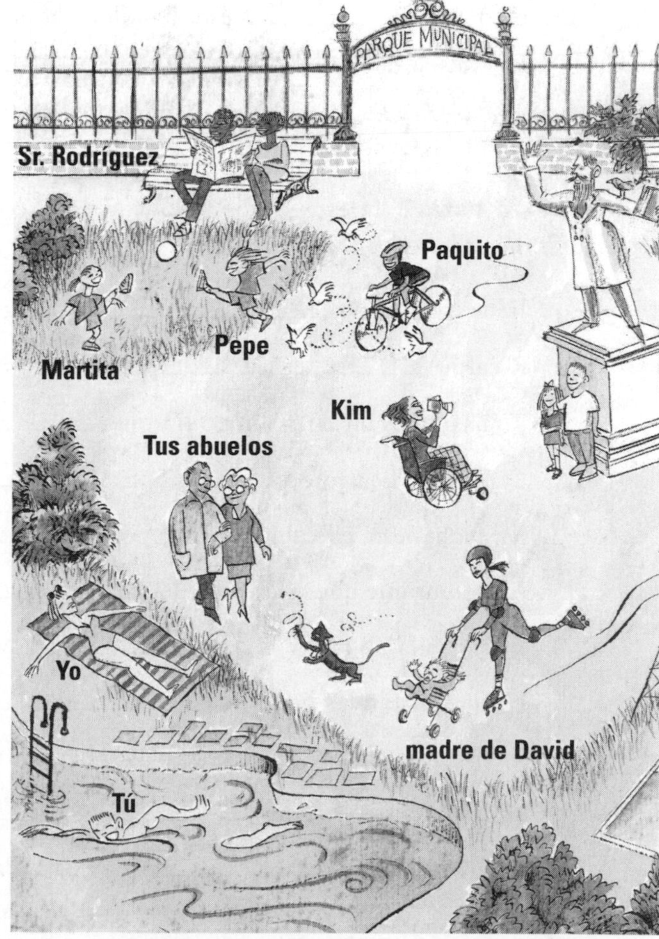

Nombre ______________________ Fecha ______________________

Workbook

5.3 Comparing ser and estar

1 **Usos de *ser* y *estar*** Complete these sentences with **ser** and **estar.** Then write the letter that corresponds to the correct use of the verb in the blank at the end of each sentence.

Uses of *ser*	**Uses of *estar***
a. Nationality and place of origin	i. Location or spatial relationships
b. Profession or occupation	j. Health
c. Characteristics of people and things	k. Physical states or conditions
d. Generalizations	l. Emotional states
e. Possession	m. Certain weather expressions
f. What something is made of	n. Ongoing actions (progressive tenses)
g. Time and date	
h. Where an event takes place	

1. El concierto de jazz ______________ a las ocho de la noche. ______
2. Inés y Pancho ______________ preocupados porque el examen va a ser difícil. ______
3. La playa ______________ sucia porque hay muchos turistas. ______
4. No puedo salir a tomar el sol porque ______________ nublado. ______
5. En el verano, Tito ______________ empleado del hotel Brisas de Loíza. ______
6. Rita no puede venir al trabajo hoy porque ______________ enferma. ______
7. La motocicleta nueva ______________ de David. ______
8. (Yo) ______________ estudiando en la biblioteca porque tengo un examen mañana. ______
9. La piscina del hotel ______________ grande y bonita. ______
10. ______________ importante estudiar, pero también tienes que descansar. ______

2 **¿Ser o estar?** In each of the following pairs, complete one sentence with the correct form of **ser** and the other with the correct form of **estar.**

1. Irene todavía no ______________ lista para salir.

   Ricardo ______________ el chico más listo de la clase.
2. Tomás no es un buen amigo porque ______________ muy aburrido.

   Quiero ir al cine porque ______________ muy aburrida.
3. Mi mamá está en cama (*in bed*) porque ______________ mala del estómago (*stomach*).

   El restaurante que está cerca del laboratorio ______________ muy malo.
4. La mochila de Javier ______________ verde (*green*).

   No me gustan las bananas cuando ______________ verdes.
5. Elena ______________ más rubia por tomar el sol.

   La hija de mi profesor ______________ rubia.
6. Gabriela ______________ muy delgada porque está enferma (*sick*).

   Mi hermano ______________ muy delgado.

Nombre ______________________ Fecha ______________________

Workbook

3 **Escribir** Write sentences using these cues and either **ser** or **estar** as appropriate.

1. el escritorio / limpio y ordenado

____

2. el restaurante japonés / excelente

____

3. la puerta del auto / abierta

____

4. Marc y Delphine / franceses

____

5. (yo) / cansada de trabajar

____

6. Paula y yo / buscando un apartamento

____

7. la novia de Guillermo / muy simpática

____

8. la empleada del hotel / ocupada

____

9. ustedes / en la ciudad de San Juan

____

10. (tú) / José Javier Fernández

____

4 **La familia Piñero** Complete this paragraph with the correct forms of **ser** and **estar.**

Los Piñero ______ (1) de Nueva York pero ______ (2) de vacaciones en Puerto Rico. ______ (3) en un hotel grande en el pueblo de Dorado. Los padres ______ (4) Elena y Manuel y ahora ______ (5) comiendo en el restaurante del hotel. Los hijos ______ (6) Cristina y Luis y ______ (7) nadando en la piscina. Ahora mismo ______ (8) lloviendo pero el sol va a salir muy pronto (*soon*). Hoy ______ (9) lunes y la familia ______ (10) muy contenta de poder descansar. El señor Piñero ______ (11) profesor y la señora Piñero ______ (12) médica. Los Piñero dicen: «¡Cuando no ______ (13) de vacaciones, ______ (14) todo el tiempo muy ocupados!»

5.4 Direct object nouns and pronouns

1 **Oraciones** Complete these sentences with the correct direct object pronouns.

1. ¿Trae Daniel su pasaporte? No, Daniel no __________ trae.
2. ¿Confirma la reservación el agente de viajes? Sí, el agente de viajes __________ confirma.
3. ¿Hacen las maletas Adela y Juan José? Sí, Adela y Juan José __________ hacen.
4. ¿Buscas el pasaje en tu mochila? Sí, __________ busco en mi mochila.
5. ¿Compra Manuela una casa nueva (*new*)? Sí, Manuela __________ compra.
6. ¿Necesita lápices especiales el estudiante? No, el estudiante no __________ necesita.
7. ¿Cierran las puertas cuando empieza el examen? Sí, ________ cierran cuando empieza el examen.
8. ¿Ves mi computadora nueva? Sí, __________ veo.
9. ¿Escuchan el programa de radio David y Sonia? Sí, David y Sonia __________ escuchan.
10. ¿Oyen ustedes a los niños en el patio? No, no __________ oímos.

2 **Quiero verlo** Rewrite each of these sentences in two different ways, using direct object pronouns.

modelo

Quiero ver la película esta tarde.
La quiero ver esta tarde.
Quiero verla esta tarde.

1. Preferimos reservar una habitación hoy.

____

____

2. Ana y Alberto pueden pedir las llaves de la pensión.

____

____

3. Rosario tiene que conseguir un pasaje de ida y vuelta a Miami.

____

____

4. Vas a perder el tren si no terminas a las cinco.

____

____

5. Mis abuelos deben tener cuatro maletas en su casa.

____

____

6. La chica piensa tomar el metro por la mañana.

____

____

Nombre ______________________ Fecha ______________________

PREPARACIÓN

Lección 6

Workbook

1 **El almacén** Look at the department store directory. Then complete the sentences with terms from the word list.

Almacén Gema

PRIMER PISO	Departamento de caballeros
SEGUNDO PISO	Zapatos y ropa de invierno
TERCER PISO	Departamento de damas y óptica
CUARTO PISO	Ropa interior, ropa de verano y trajes de baño

abrigos	calcetines	gafas de sol	sandalias
blusas	cinturones	guantes	trajes de baño
bolsas	corbatas	medias	trajes de hombre
botas	faldas	pantalones de hombre	vestidos

1. En el primer piso puedes encontrar ______________________
2. En el segundo piso puedes encontrar ______________________
3. En el tercer piso puedes encontrar ______________________
4. En el cuarto piso puedes encontrar ______________________
5. Quiero unos pantalones cortos. Voy al ______________________ piso.
6. Buscas unas gafas. Vas al ______________________ piso.
7. Arturo ve una chaqueta en el ______________________ piso.
8. Ana ve los bluejeans en el ______________________ piso.

2 **Necesito muchas cosas** Complete these sentences with the correct terms.

1. Voy a nadar en la piscina. Necesito ______________________.
2. Está lloviendo mucho. Necesito ______________________.
3. No puedo ver bien porque hace sol. Necesito ______________________.
4. Voy a correr por el parque. Necesito ______________________.
5. Queremos entrar en muchas tiendas diferentes. Vamos al ______________________.
6. No tengo dinero en la cartera. Voy a pagar con la ______________________.

3 **Los colores** Answer these questions in complete sentences.

1. ¿De qué color es el chocolate?
2. ¿De qué color son las bananas?
3. ¿De qué color son las naranjas (*oranges*)?
4. ¿De qué colores es la bandera (*flag*) de los Estados Unidos?
5. ¿De qué color son las nubes (*clouds*) cuando está nublado?
6. ¿De qué color son los bluejeans?
7. ¿De qué color es la nieve?
8. ¿De qué color son las palabras de los libros?

4 **¿Qué lleva?** Look at the illustration and fill in the blanks with the names of the numbered items.

Nombre ______________________ Fecha ______________________

Workbook

GRAMÁTICA

6.1 Numbers 101 and higher

1 **La lotería** Read the following lottery winnings list. Then answer the questions, writing the Spanish words for numbers. Remember to use **de** after the number whenever necessary.

LOTERÍA NACIONAL	SORTEO° DEL DÍA 24 DE JUNIO Diez series de 100.000 billetes° cada una	SORTEO 49 00	Lista acumulada° de las cantidades que han correspondido a los números premiados, clasificados por su cifra° final Estos premios° podrán cobrarse hasta el día 25 de septiembre, INCLUSIVE

2		**3**		**4**		**5**		**6**		**7**	
Números	Pesos	Números	Pesos	Números	Pesos	Números	Pesos	Números	Pesos	Números	Pesos
43402	100.000	43403	110.000	43404	110.000	43405	100.000	43406	100.000	43407	100.000
43412	100.000	43413	110.000	43414	110.000	43415	100.000	43416	100.000	43417	100.000
43422	100.000	43423	110.000	43424	130.000	43425	100.000	43426	100.000	43427	100.000
43432	100.000	43433	110.000	43434	110.000	43435	100.000	43436	100.000	43437	100.000
43442	100.000	43443	110.000	43444	110.000	43445	100.000	43446	100.000	43447	100.000
43452	100.000	43453	110.000	43454	110.000	43455	100.000	43456	100.000	43457	100.000
43462	100.000	43463	110.000	43464	110.000	43465	100.000	43466	100.000	43467	100.000
43472	100.000	43473	110.000	43474	160.000	43475	100.000	43476	100.000	43477	100.000
43482	100.000	43483	110.000	43484	110.000	43485	100.000	43486	1.280.000	**43487**	**20.000.000**
43492	100.000	43493	110.000	43494	110.000	43495	100.000	43496	100.000	43497	100.000
98302	100.000	98303	110.000	98304	110.000	98305	100.000	98306	100.000	98307	100.000
98312	100.000	98313	110.000	98314	110.000	98315	100.000	98316	100.000	98317	100.000
98322	100.000	98323	110.000	98324	130.000	98325	100.000	98326	100.000	98327	100.000
98332	100.000	98333	110.000	98334	110.000	98335	100.000	98336	100.000	98337	100.000
98342	100.000	98343	110.000	98344	110.000	98345	100.000	98346	100.000	98347	100.000
98352	100.000	98353	110.000	98354	110.000	98355	100.000	98356	100.000	98357	100.000
98362	100.000	98363	110.000	98364	110.000	98365	100.000	98366	100.000	98367	100.000
98372	100.000	98373	2.110.000	**98374**	**100.110.000**	98375	2.100.000	98376	2.100.000	98377	2.100.000
98382	100.000	98383	110.000	98384	110.000	98385	100.000	98386	100.000	98387	100.000
98392	100.000	98393	110.000	98394	110.000	98395	100.000	98396	100.000	98397	100.000
		Terminaciones		**Terminaciones**		**Terminaciones**		**Terminaciones**		**Terminaciones**	
		4333	260.000	374	160.000	175	50.000	776	260.000	9957	250.000
		233	60.000	24	30.000	255	50.000			147	50.000
		733	60.000	74	60.000						
		3	10.000	4	10.000						

ESTE SORTEO ADJUDICA° 3.584.100 DÉCIMOS° PREMIADOS° POR UN IMPORTE° TOTAL DE 7.000.000.000 DE PESOS			
PREMIO ESPECIAL 490.000.000 Pesos **Núm. 98374** PRIMER PREMIO	FRACCIÓN	SERIE	PREMIO ACUMULADO
	6.ª	**7.ª**	**500.000.000**

sorteo *lottery drawing* acumulada *cumulative* premio *prize* cifra *figure* billetes *tickets* adjudica *awards* décimos *lottery tickets* premiados *awarded* importe *quantity*

1. El sorteo tiene diez series de ______________________ billetes cada una.
2. El número 43403 gana ______________________ pesos.
3. El número 98373 gana ______________________ pesos.
4. El número 98374 gana ______________________ pesos.
5. El número 43487 gana ______________________ pesos.
6. La terminación ______________________ gana ciento sesenta mil pesos.
7. El sorteo adjudica ______________________ décimos premiados.
8. El importe total es de ______________________ pesos.
9. El premio especial es de ______________________ pesos.
10. El premio acumulado es de ______________________ pesos.

Workbook

2 **¿Cuántos hay?** Use **Hay** + the cues to write complete sentences.

modelo

450 / personas en la compañía
Hay cuatrocientas cincuenta personas en la compañía.

1. 275.000.000 / habitantes en mi país
____
2. 827 / pasajeros en el aeropuerto
____
3. 25.350 / estudiantes en la universidad
____
4. 3.930.000 / puertorriqueños en Puerto Rico
____
5. 56.460 / libros en la biblioteca de mi pueblo
____
6. 530.000 / turistas en la ciudad en el verano
____

3 **¿Cuánto cuesta?** Two friends are shopping in a very expensive store. Finish the questions adding the name and article of each item and then complete each answer writing out the corresponding amount.

1. $537

3. $169

5. $202

2. $123

4. $312

6. $480

1. ¿Cuánto cuestan _______________?
Cuestan _______________.
2. ¿Cuánto cuestan _______________?
Cuestan _______________.
3. ¿Cuánto cuestan _______________?
Cuestan _______________.
4. ¿Cuánto cuesta _______________?
Cuesta _______________.
5. ¿Cuánto cuestan _______________?
Cuestan _______________.
6. ¿Cuánto cuesta _______________?
Cuesta _______________.

Nombre ______________________ Fecha ______________________

Workbook

6.2 The preterite tense of regular verbs

1 **El pretérito** Complete these sentences with the preterite tense of the indicated verb.

1. Marcela ______________________ (encontrar) las sandalias debajo de la cama.
2. Gustavo ______________________ (recibir) el dinero para comprar los libros.
3. Sara y Viviana ______________________ (terminar) el libro al mismo tiempo.
4. La agente de viajes ______________________ (preparar) un itinerario muy interesante.
5. (Yo) ______________________ (volver) de la ciudad en bicicleta.
6. Los dependientes ______________________ (escuchar) el partido por la radio.
7. Patricia y tú ______________________ (viajar) a México el verano pasado.
8. (Nosotras) ______________________ (comprar) abrigos para el frío.
9. (Tú) ______________________ (regresar) del centro comercial a las cinco de la tarde.
10. Ustedes ______________________ (vivir) en casa de sus padres hasta el año pasado.

2 **Ahora y en el pasado** Rewrite these sentences in the preterite tense.

1. Ramón escribe una carta al director del programa.

   ____

2. Mi tía trabaja de dependienta en un gran almacén.

   ____

3. Comprendo el trabajo de la clase de biología.

   ____

4. La familia de Daniel vive en Argentina.

   ____

5. Virginia y sus amigos comen en el café de la librería.

   ____

6. Los ingenieros terminan la construcción de la tienda en junio.

   ____

7. Cada día llevas ropa muy elegante.

   ____

8. Los turistas caminan, compran y descansan.

   ____

9. Corremos por el estadio antes (*before*) del partido.

   ____

Nombre _______________ Fecha _______________

Workbook

3 **Ya pasó** Answer these questions negatively, indicating that what is being asked already happened.

modelo

¿Va a comprar ropa Silvia en el centro comercial?
No, Silvia ya compró ropa en el centro comercial.

1. ¿Va a viajar a Perú tu primo Andrés?

____

2. ¿Vas a buscar una tienda de computadoras en el centro comercial?

____

3. ¿Vamos a encontrar muchas rebajas en el centro?

____

4. ¿Va a pagar las sandalias María en la caja?

____

5. ¿Van a regatear con el vendedor Mónica y Carlos?

____

6. ¿Va a pasear por la playa tu abuela?

____

4 **La semana pasada** Your friend asks you whether you did these activities last week. Write each question, then answer it affirmatively or negatively.

modelo

sacar fotos de amigos
—¿Sacaste fotos de amigos?
—Sí, saqué fotos de amigos./No, no saqué fotos de amigos.

1. pagar el abrigo con la tarjeta de crédito

____

____

2. jugar al tenis

____

____

3. buscar un libro en la biblioteca

____

____

4. llegar tarde a clase

____

____

5. empezar a escribir una carta

____

____

Nombre ______________________ Fecha ______________________

Workbook

6.3 Indirect object pronouns

1 **¿A quién?** Complete these sentences with the correct indirect object pronouns.

1. ______________ doy a la profesora los libros.
2. Amelia ______________ pregunta a nosotras si queremos ir al cine.
3. El empleado ______________ busca trabajo a sus primas en el almacén.
4. Julio ______________ quiere traer un televisor nuevo a sus padres.
5. Los clientes ______________ dicen a nosotros que todo está muy caro.
6. Tu hermano no ______________ presta la ropa a ti (*you*).
7. La empleada de la tienda ______________ cerró la puerta a mi tía.
8. La mamá no ______________ hace las tareas a sus hijos.
9. ______________ deben pagar mucho dinero porque llevas ropa muy cara.
10. Las dependientas ______________ dan el vestido rosado a mí.

2 **¿A quién?** Rewrite these sentences, replacing the indirect objects with indirect object pronouns.

1. Llevo unos zapatos de tenis a mi hermano.

____

2. Compré un impermeable a ella.

____

3. Ellos traen trajes de baño a nosotros.

____

4. No escribimos las cartas de recomendación a Gerardo y Marta.

____

5. Ustedes dan un vestido a Marisela.

____

6. Pides un descuento al dependiente.

____

7. Conseguimos unas gafas en rebaja a ustedes.

____

8. Hacemos muchas preguntas al vendedor.

____

9. Doy información a un amigo.

____

10. Ustedes venden unos libros a mi compañero de cuarto.

____

3 **Escribir** Rewrite these sentences, using an alternate placement for the indirect object pronouns.

modelo
Me quiero comprar un coche nuevo.
Quiero comprarme un coche nuevo.

1. Les vas a dar muchos regalos a tus padres.
____
2. Quiero comprarles unos guantes a mis sobrinos.
____
3. Clara va a venderle sus libros de francés a su amiga.
____
4. Los clientes nos pueden pagar con tarjeta de crédito.
____

4 **De compras** Complete the paragraph with the correct indirect object pronouns.

Isabel y yo vamos de compras al centro comercial. Yo ________ (1) tengo que comprar unas cosas a mis parientes porque voy a viajar a mi ciudad este fin de semana. A mi hermana Laura ________ (2) quiero comprar unas gafas de sol, pero ella ________ (3) tiene que comprar un traje de baño a mí. A mis dos sobrinos ________ (4) voy a comprar una pelota de béisbol. A mi padre ________ (5) traigo un libro, y a mi madre ________ (6) quiero conseguir una blusa. ________ (7) quiero llevar camisas con el nombre de mi universidad a todos. ________ (8) quiero mostrar que pienso mucho en ellos.

5 **Respuestas** Answer these questions negatively. Use indirect object pronouns in the answer.

modelo
¿Le compraste una camisa al vendedor?
No, no le compré una camisa.

1. ¿Le escribió Rolando un correo electrónico a Miguel?
____
2. ¿Nos trae el botones las maletas a la habitación?
____
3. ¿Les venden gafas de sol los vendedores a los turistas?
____
4. ¿Te da regalos tu hermano?
____
5. ¿Les digo a ustedes cómo llegar a la tienda nueva?
____
6. ¿Me buscaste la revista en la librería?
____

Workbook

6.4 Demonstrative adjectives and pronouns

1 **Completar** Complete these sentences with the correct form of the adjective in parentheses.

1. Me quiero comprar ______________ (*these*) zapatos porque me gustan mucho.
2. Comimos en ______________ (*that*) restaurante la semana pasada.
3. ______________ (*that over there*) tienda vende las gafas de sol a un precio muy alto.
4. Las rebajas en ______________ (*this*) almacén son legendarias.
5. ______________ (*those*) botas hacen juego con tus pantalones negros.
6. Voy a llevar ______________ (*these*) pantalones con la blusa roja.

2 **Preguntas** Answer these questions negatively, using the cues in parentheses and the corresponding demonstrative adjectives.

modelo

¿Compró esas medias Sonia? (cartera)

No, *compró esa cartera.*

1. ¿Va a comprar ese suéter Gloria? (pantalones)

____

2. ¿Llevaste estas sandalias? (zapatos de tenis)

____

3. ¿Quieres ver esta ropa interior? (medias)

____

4. ¿Usa aquel traje David? (chaqueta negra)

____

5. ¿Decidió Silvia comprar esas gafas de sol? (sombrero)

____

6. ¿Te mostró el vestido aquella vendedora? (dependiente)

____

3 **Ésos no** Complete these sentences using demonstrative pronouns. Choose a pronoun for each sentence, paying attention to agreement.

1. Aquellas sandalias son muy cómodas, pero ______________ son más elegantes.
2. Esos vestidos largos son muy caros; voy a comprar ______________.
3. No puedo usar esta tarjeta de crédito; tengo que usar ______________.
4. Esos zapatos tienen buen precio, pero ______________ no.
5. Prefiero este sombrero porque ______________ es muy grande.
6. Estas medias son buenas; las prefiero a ______________.

Workbook

4 **Éstas y aquéllas** Look at the illustration and complete this conversation with the appropriate demonstrative adjectives and pronouns.

CLAUDIA ¿Te gusta ______ (1) corbata, Gerardo?

GERARDO No, no me gusta ______ (2). Prefiero ______ (3) que está sobre el escaparate (*display case*).

CLAUDIA ______ (4) es bonita, pero no hace juego con tu chaqueta.

GERARDO Mira ______ (5) chaqueta. Me gusta y está a buen precio. Puedo usar ______ (6) y darle ésta a mi hermano.

CLAUDIA ¿Y ______ (7) cinturón?

GERARDO ______ (8) es muy elegante. ¿Es caro?

CLAUDIA Es más barato que ______ (9) tres del escaparate.

5 **Síntesis** Imagine that you went with your brother to an open-air market last weekend. This weekend you take a friend there. Write a conversation between you and your friend, using as many different verbs as you can from those you have learned. Follow the guide.

- Indicate to your friend the items you saw last weekend, what you liked and didn't like, the items that you bought, how much you paid for them, and for whom you bought the items.
- Suggest items that your friend might buy and for whom he or she might buy them.

______
______
______
______
______
______

Nombre Fecha

¡VIVAN LOS PAÍSES HISPANOS!

El Caribe

1 **El mapa** Write each of these words in the appropriate country in the map.

La Habana Vieja	población: 11.379.000	El Morro
Fajardo	Pedro Martínez	Palacio de los Capitanes Generales
Mayagüez	Guantánamo	Santo Domingo
Santiago de los Caballeros	el merengue	la isla de Vieques

2 **Completar** Select the option that best completes each sentence.

1. Tres de las ciudades principales de Puerto Rico son Mayagüez, Ponce y ____________.
2. Las aguas del Caribe son ______________.
3. Puerto Rico, Cuba y la República Dominicana están en ____________.
4. La capital de Cuba es ______________.
5. Juan Luis Guerra es un cantante de ____________.
6. El sitio más fotografiado de Puerto Rico es ________________.
7. El Morro está en la Bahía de ____________.
8. Una de las ciudades principales dominicanas es Santiago de los ______________.
9. La Habana __________ fue (*was*) declarada Patrimonio de la Humanidad en 1982.
10. La moneda de Cuba es ____________.

a. El Caribe
b. Caguas
c. El Morro
d. Camagüey
e. San Juan
f. cálidas y transparentes
g. el peso cubano
h. Caballeros
i. República Dominicana
j. Vieja
k. La Habana

Workbook

3 **Crucigrama** Complete this crossword puzzle based on the clues provided.

Horizontales

1. El Caribe tiene una enorme variedad de __________ y animales exóticos.
2. La salsa nació en __________.
3. __________ es una ciudad puertorriqueña que está entre Mayagüez y Fajardo.
4. __________ y Santiago de los Caballeros son dos ciudades de la República Dominicana.
5. __________ se construyó en el siglo XVI en San Juan.
6. El distrito de La Habana Vieja fue declarado Patrimonio __________ de la Humanidad.
7. El __________ goza de un clima tropical todo el año.
8. El merengue tiene sus orígenes en el __________.

Verticales

1. El Morro fue construido por los españoles para defenderse de los __________.
2. Actualmente, El Morro es un __________ que atrae a miles de turistas.
3. La ciudad de Cuba que está cerca de la Sierra Maestra es __________.
4. Antes las canciones del merengue hablaban de problemas __________.
5. La __________ es un género musical latino que proviene de Nueva York.
6. El __________ es la música tradicional de República Dominicana.
7. El __________ es una afición nacional dominicana.
8. El Morro es un __________ que está en Puerto Rico.

4 **Las fotos** Write complete sentences describing the activities or places in the photos.

1. __________
2. __________
3. __________

Nombre ______________________ Fecha ______________________

PREPARACIÓN

Lección 7

1 **Las rutinas** Complete each sentence with a word from **Preparación**.

1. Susana se lava el pelo con ______________________.
2. Elena usa el ______________________ para maquillarse.
3. Manuel se lava las manos con ______________________.
4. Después de lavarse las manos, usa la ______________________.
5. Luis tiene un ______________________ para levantarse temprano.

2 **¿En el baño o en la habitación?** Write **en el baño** or **en la habitación** to indicate where each activity takes place.

1. bañarse ______________________
2. levantarse ______________________
3. ducharse ______________________
4. lavarse la cara ______________________
5. acostarse ______________________
6. afeitarse ______________________
7. cepillarse los dientes ______________________
8. dormirse ______________________

3 **Ángel y Lupe** Look at the drawings, and choose the appropriate phrase to describe what Ángel or Lupe is doing in a complete sentence.

afeitarse por la mañana	cepillarse los dientes después de comer
bañarse por la tarde	ducharse antes de salir

1. ______________________________________

2. ______________________________________

3. ______

4. ______

4 **La palabra diferente** Fill in the blank with the word that doesn't belong in each group.

1. luego, después, más tarde, entonces, antes ______
2. maquillarse, cepillarse el pelo, despertarse, peinarse, afeitarse ______
3. bailar, despertarse, acostarse, levantarse, dormirse ______
4. champú, despertador, jabón, maquillaje, crema de afeitar ______
5. entonces, bañarse, lavarse las manos, cepillarse los dientes, ducharse ______
6. pelo, vestirse, dientes, manos, cara ______

5 **La rutina de Silvia** Rewrite this paragraph, selecting the correct sequencing words from the parentheses.

(Por la mañana, Durante el día) Silvia se prepara para salir. (Primero, Antes de) se levanta y se ducha. (Después, Antes) de ducharse, se viste. (Entonces, Durante) se maquilla. (Primero, Antes) de salir come algo y bebe un café. (Durante, Por último) se peina y se pone una chaqueta. (Durante el día, Antes de) Silvia no tiene tiempo (*time*) de volver a su casa. (Más tarde, Antes de) come algo en la cafetería de la universidad y estudia en la biblioteca. (Por la tarde, Por último), Silvia trabaja en el centro comercial. (Por la noche, Primero) llega a su casa y está cansada. (Más tarde, Después de) prepara algo de comer y mira la televisión un rato. (Antes de, Después de) acostarse a dormir siempre estudia un rato.

Nombre ______________________ Fecha ______________________

GRAMÁTICA

7.1 Reflexive verbs

1 **Se hace** Complete each sentence with the correct present tense forms of the verb in parentheses.

1. Marcos y Gustavo ____________ (enojarse) con Javier.
2. Mariela ____________ (despedirse) de su amiga en la estación del tren.
3. (Yo) ____________ (acostarse) temprano porque tengo clase por la mañana.
4. Los jugadores ____________ (ducharse) en el baño después del partido.
5. Irma y yo ____________ (ponerse) los vestidos nuevos.
6. (Tú) ____________ (preocuparse) por tu novio porque siempre pierde las cosas.
7. Usted ____________ (lavarse) la cara con un jabón especial.

2 **Lo hiciste** Answer the questions positively, using complete sentences.

1. ¿Te cepillaste los dientes después de comer?

   ____
2. ¿Se maquilla Julia antes de salir a bailar?

   ____
3. ¿Se duchan ustedes antes de entrar en la piscina?

   ____
4. ¿Se ponen sombreros los turistas cuando van a la playa?

   ____
5. ¿Nos ponemos los vestidos en la habitación del hotel?

   ____

3 **Terminar** Complete each sentence with the correct reflexive verbs. You may use some verbs more than once.

acordarse	cepillarse	enojarse	maquillarse
acostarse	dormirse	levantarse	quedarse

1. Mis papás ____________ porque no queremos ____________ temprano.
2. La profesora ____________ con nosotros cuando no ____________ de los verbos.
3. Mi hermano ____________ los dientes cuando ____________.
4. Mis amigas y yo ____________ estudiando en la biblioteca por la noche y por la mañana ____________ muy cansadas.
5. Muchas noches ____________ delante del televisor, porque no quiero ____________.

Workbook

4 **Escoger** Choose the correct verb from the parentheses, then fill in the blank with its correct form.

(lavar/lavarse)

1. Josefina ______________ las manos en el baño.

   Josefina ______________ la ropa en casa de su mamá.

(peinar/peinarse)

2. (Yo) ______________ a mi hermana todas las mañanas.

   (Yo) ______________ en el baño, delante del espejo.

(quitar/quitarse)

3. (Nosotros) ______________ los abrigos al entrar en casa.

   (Nosotros) ______________ los libros de la mesa para comer.

(levantar/levantarse)

4. Los estudiantes ______________ muy temprano.

   Los estudiantes ______________ la mano para hacer preguntas.

5 **El incidente** Complete the paragraph with reflexive verbs from the word bank. Use each verb only once.

acordarse	irse	maquillarse	quedarse
afeitarse	lavarse	ponerse	secarse
despertarse	levantarse	preocuparse	sentarse
enojarse	llamarse	probarse	vestirse

Luis ______________ (1) todos los días a las seis de la mañana. Luego entra en la ducha y ______________ (2) el pelo con champú. Cuando sale de la ducha usa la crema de afeitar para ______________ (3) delante del espejo. Come algo con su familia y él y sus hermanos ______________ (4) hablando un rato.

Cuando sale tarde, Luis ______________ (5) porque no quiere llegar tarde a la clase de español. Los estudiantes ______________ (6) nerviosos porque a veces (*sometimes*) tienen pruebas sorpresa en la clase.

Ayer por la mañana, Luis ______________ (7) con su hermana Marina porque ella ______________ (8) tarde y pasó mucho tiempo en el baño con la puerta cerrada.

—¿Cuándo sales, Marina? — le preguntó Luis.

—¡Tengo que ______________ (9) porque voy a salir con mi novio y quiero estar bonita! —dijo Marina.

—¡Tengo que ______________ (10) ya, Marina! ¿Cuándo terminas?

—Ahora salgo, Luis. Tengo que ______________ (11). Me voy a poner mi vestido favorito.

—Tienes que ______________ (12) de que viven muchas personas en esta casa, Marina.

Nombre ______________________ Fecha ______________________

Workbook

7.2 Indefinite and negative words

1 **Alguno o ninguno** Complete the sentences with indefinite and negative words from the word bank.

alguien	algunas	ninguna
alguna	ningún	tampoco

1. No tengo ganas de ir a ______________ lugar hoy.
2. ¿Tienes ______________ ideas para el proyecto?
3. ¿Viene ______________ a la fiesta de mañana?
4. No voy a ______________ estadio nunca.
5. ¿Te gusta ______________ de estas corbatas?
6. Jorge, tú no eres el único. Yo ______________ puedo ir de vacaciones.

2 **Palabras negativas** Complete the sentences with negative words.

1. No me gustan estas gafas. ______________ quiero comprar ______________ de ellas.
2. Estoy muy cansado. ______________ quiero ir a ______________ restaurante.
3. No tengo hambre. ______________ quiero comer ______________.
4. A mí no me gusta la playa. ______________ quiero ir a la playa ______________.
5. Soy muy tímida. ______________ hablo con ______________ ______________.
6. No me gusta el color rojo, ______________ el color rosado ______________.

3 **Lo contrario** Make each sentence negative.

modelo

Buscaste algunos vestidos en la tienda.

No buscaste ningún vestido en la tienda.

1. Las dependientas venden algunas blusas.

____

2. Alguien va de compras al centro comercial.

____

3. Siempre me cepillo los dientes antes de salir.

____

4. Te traigo algún programa de la computadora.

____

5. Mi hermano prepara algo de comer.

____

6. Quiero tomar algo en el café de la librería.

____

4 **No, no es cierto** Answer the questions negatively.

modelo

¿Comes siempre en casa?
No, nunca como en casa./No, no como en casa nunca.

1. ¿Tiene Alma alguna falda?
2. ¿Sales siempre los fines de semana?
3. ¿Quiere comer algo Gregorio?
4. ¿Le prestaste algunos discos de jazz a César?
5. ¿Podemos o ir a la playa o nadar en la piscina?
6. ¿Encontraste algún cinturón barato en la tienda?
7. ¿Buscaron ustedes a alguien en la playa?
8. ¿Te gusta alguno de estos trajes?

5 **Lo opuesto** Rewrite the paragraph, changing the positive words to negative ones.

Rodrigo siempre está leyendo algún libro. También le gusta leer el periódico. Siempre lee algo. Alguien le pregunta si leyó alguna novela de Mario Vargas Llosa. Leyó algunos libros de Vargas Llosa el año pasado. También leyó algunas novelas de Gabriel García Márquez. Algunos libros le encantan. Le gusta leer o libros de misterio o novelas fantásticas.

Nombre ______________________ Fecha ______________________

Workbook

7.3 Preterite of ser and ir

1 **¿Ser o ir?** Complete the sentences with the preterite of **ser** or **ir**. Then write the infinitive form of the verb you used.

1. Ayer María y Javier ______________ a la playa con sus amigos. ______________
2. La película de ayer ______________ muy divertida. ______________
3. El fin de semana pasado (nosotros) ______________ al centro comercial. ______________
4. La abuela y la tía de Maricarmen ______________ doctoras. ______________
5. (Nosotros) ______________ muy simpáticos con la familia de Claribel. ______________
6. Manuel ______________ a la universidad en septiembre. ______________
7. Los vendedores ______________ al almacén muy temprano. ______________
8. Lima ______________ la primera ciudad que visitaron en el viaje. ______________
9. (Yo) ______________ a buscarte en la cafetería, pero no te encontré. ______________
10. Mi compañera de cuarto ______________ a la tienda a comprar champú. ______________

2 **Viaje a Perú** Complete the paragraph with the preterite of **ser** and **ir**. Then fill in the chart with the infinitive form of the verbs you used.

El mes pasado mi amiga Clara y yo ______(1)______ de vacaciones a Perú. El vuelo (*flight*) ______(2)______ un miércoles por la mañana, y ______(3)______ cómodo. Primero Clara y yo ______(4)______ a Lima, y ______(5)______ a comer en un restaurante de comida peruana. La comida ______(6)______ muy buena. Luego ______(7)______ al hotel y nos ______(8)______ a dormir. El jueves ______(9)______ un día nublado. Nos ______(10)______ a Cuzco, y el viaje en autobús ______(11)______ largo. Yo ______(12)______ la primera en despertarme y ver la ciudad de Cuzco. La ciudad ______(13)______ impresionante. Luego Clara y yo ______(14)______ de excursión a Machu Picchu. El cuarto día nos levantamos muy temprano y nos ______(15)______ a la antigua ciudad inca. El amanecer sobre Machu Picchu ______(16)______ hermoso. La excursión ______(17)______ una experiencia inolvidable (*unforgettable*). ¿______(18)______ tú a Perú el año pasado?

1. ______	7. ______	13. ______
2. ______	8. ______	14. ______
3. ______	9. ______	15. ______
4. ______	10. ______	16. ______
5. ______	11. ______	17. ______
6. ______	12. ______	18. ______

Workbook

7.4 Gustar and verbs like gustar

1 **¿Uno o varios?** Rewrite each sentence, choosing the correct form of the verb in parentheses.

1. Te (quedan, queda) bien las faldas y los vestidos.
____
2. No les (molesta, molestan) la lluvia.
____
3. No les (gusta, gustan) estar enojados.
____
4. Les (aburre, aburren) probarse ropa en las tiendas.
____
5. Le (fascina, fascinan) las tiendas y los almacenes.
____
6. Le (falta, faltan) dos años para terminar la carrera (*degree*).
____
7. Nos (encanta, encantan) pescar y nadar en el mar.
____
8. Me (interesan, interesa) las ruinas peruanas.
____

2 **Nos gusta el fútbol** Complete the paragraph with the correct forms of the verbs in parentheses.

A mi familia le ______ (1) (fascinar) el fútbol. A mis hermanas les ______ (2) (encantar) los jugadores porque son muy guapos. También les ______ (3) (gustar) la emoción (*excitement*) de los partidos. A mi papá le ______ (4) (interesar) mucho los partidos y cuando puede los sigue por Internet. A mi mamá le ______ (5) (molestar) nuestra afición porque no hacemos las tareas de la casa cuando hay un partido. A ella generalmente le ______ (6) (aburrir) los partidos. Pero cuando le ______ (7) (faltar) un gol al equipo argentino para ganar, le ______ (8) (encantar) los minutos finales del partido.

3 **Los otros** Rewrite each sentence, substituting the subject with the one in parentheses.

1. Le quedan bien los vestidos largos. (la blusa cara)
____
2. Les molesta la música moderna. (las canciones populares)
____

Nombre ____________________ Fecha ____________________

3. No te interesa bailar salsa. (caminar por la playa)

____

4. Me gusta esa toalla de playa. (aquellas gafas de sol)

____

5. Les encantan las tiendas. (el centro comercial)

____

6. Nos falta practicar el español. (unas semanas de clase)

____

7. No les gusta el ballet. (las películas)

____

8. No les importa esperar un rato. (buscar unos libros nuestros)

____

Workbook

4 **¿Qué piensan?** Complete the sentences with the correct pronouns and forms of the verbs in parentheses.

1. A mí _______________ (encantar) las películas de misterio.
2. A Gregorio _______________ (molestar) mucho la nieve y el frío.
3. A mi sobrina _______________ (gustar) leer y escribir.
4. A ustedes _______________ (faltar) un libro de esa colección.
5. ¿_______________ (quedar) bien los sombreros a ti?
6. A nosotros _______________ (fascinar) la historia peruana.
7. A ella no _______________ (importar) las apariencias (*appearances*).
8. Los deportes por televisión a mí _______________ (aburrir) mucho.

5 **Mi rutina diaria** Answer these questions about your daily routine, using verbs like gustar in complete sentences.

1. ¿Te molesta levantarte temprano durante la semana?

____

2. ¿Qué te interesa hacer por las mañanas?

____

3. ¿Te importa despertarte temprano los fines de semana?

____

4. ¿Qué te encanta hacer los domingos?

____

Nombre Fecha

Workbook

6 **Síntesis** Interview a classmate or relative about an interesting vacation he or she took. Then gather the answers into a report. Answer the following questions:

- What did he or she like or love about the vacation? What interested him or her?
- Where did he or she stay, what were the accommodations like, and what was his or her daily routine like during the trip?
- Where did he or she go, what were the tours like, what were the tour guides like, and what were his or her traveling companions like?
- What bothered or angered him or her? What bored him or her during the vacation?
- Be sure to address the negative and positive aspects of the vacation.

Nombre ______________________ Fecha ______________________

PREPARACIÓN

Lección 8

Workbook

1 **¿Qué comida es?** Read the descriptions and write the name of the food in the blank.

1. Son rojos y se sirven (*they are served*) en las ensaladas. ______________________
2. Se come (*It is eaten*) antes del plato principal; es líquida y caliente (*hot*). ______________________
3. Son unas verduras anaranjadas, largas y delgadas. ______________________
4. Hay de naranja y de manzana; se bebe en el desayuno. ______________________
5. Son dos rebanadas (*slices*) de pan con queso y jamón. ______________________
6. Es comida rápida; se sirven con hamburguesas y se les pone sal. ______________________
7. Son pequeños y rosados; viven en el mar. ______________________
8. Son frutas amarillas; con agua y azúcar se hace una bebida de verano. ______________________

2 **Categorías** Categorize the foods listed in the word bank.

aceite	camarones	jamón	mantequilla	pimienta	tomates
arvejas	cebollas	langosta	manzanas	pollo	uvas
atún	champiñones	leche	margarina	queso	vinagre
azúcar	chuletas de cerdo	lechuga	naranjas	sal	zanahorias
bananas	hamburguesas	limones	papas	salchichas	
bistec		maíz	pavo	salmón	

Verduras	Productos lácteos (*dairy*)	Condimentos	Carnes y aves (*poultry*)	Pescado y mariscos	Frutas

Nombre ____________________ Fecha ____________________

Workbook

3 **¿Qué es?** Label the item of food shown in each drawing.

1. ____________________

2. ____________________

3. ____________________

4. ____________________

4 **¿Cuándo lo comes?** Read the lists of meals, then categorize when the meals would be eaten.

1. un sándwich de jamón y queso, unas chuletas de cerdo con arroz y frijoles, fruta y un café con leche

Desayuno ____________________

Almuerzo ____________________

Cena ____________________

2. una langosta con papas, huevos fritos y jugo de naranja, una hamburguesa y un refresco

Desayuno ____________________

Almuerzo ____________________

Cena ____________________

3. pan tostado con mantequilla, un sándwich de atún y té helado, un bistec con cebolla y arroz

Desayuno ____________________

Almuerzo ____________________

Cena ____________________

4. una sopa y una ensalada, cereales con leche, pollo asado con ajo y champiñones y vino blanco

Desayuno ____________________

Almuerzo ____________________

Cena ____________________

Nombre ______________________ Fecha ______________________

GRAMÁTICA

8.1 Preterite of stem-changing verbs

1 **En el pasado** Rewrite each sentence, conjugating the verb into the preterite tense.

1. Ana y Enrique piden unos refrescos fríos.

____

2. Mi mamá nos sirve arroz con frijoles y carne.

____

3. Tina y yo dormimos en una pensión de Lima.

____

4. Las flores (*flowers*) de mi tía mueren durante el otoño.

____

5. Ustedes se sienten bien porque ayudan a esas personas.

____

Workbook

2 **¿Qué hicieron?** For each sentence, choose the correct verb from those in parentheses. Then complete the sentence by writing the preterite form of the verb.

1. Rosana y Héctor ______________ las palabras del profesor. (repetir, dormir, morir)
2. El abuelo de Luis ______________ el año pasado. (despedirse, morir, servir)
3. (Yo) ______________ camarones y salmón de cena en mi casa. (morir, conseguir, servir)
4. Lisa y tú ______________ pan tostado con queso y huevo. (sentirse, seguir, pedir)
5. Ana y yo ______________ muy tarde los sábados. (dormirse, pedir, repetir)
6. Gilberto y su familia ______________ ir al restaurante de mariscos. (servir, preferir, vestirse)

3 **Sujetos diferentes** Rewrite each sentence, using the subject in parentheses.

1. Anoche nos despedimos de nuestros abuelos en el aeropuerto. (mis primos)

____

2. Melinda y Juan siguieron a Camelia por la ciudad en el auto. (yo)

____

3. Alejandro prefirió quedarse en casa. (ustedes)

____

4. Pedí un plato de langosta con salsa de mantequilla. (ellas)

____

5. Los camareros les sirvieron una ensalada con atún y tomate. (tu esposo)

____

Workbook

4 **En el restaurante** Create sentences from the elements provided. Use the preterite form of the verbs.

1. (Nosotros) / preferir / este restaurante al restaurante italiano
______
2. Mis amigos / seguir / a Gustavo para encontrar el restaurante
______
3. La camarera / servirte / huevos fritos y café con leche
______
4. Ustedes / pedir / ensalada de mariscos y vino blanco
______
5. Carlos / preferir / las papas fritas
______
6. (Yo) / conseguir / el menú del restaurante
______

5 **La planta de la abuela** Complete the letter with the preterite form of the verbs from the word bank. Use each verb only once.

conseguir	dormir	pedir	repetir	servir
despedirse	morir	preferir	seguir	vestirse

Querida mamá:

El fin de semana pasado fui a visitar a mi abuela Lilia en el campo. (Yo) Le ______(1) unos libros que ella me ______(2) de la librería de la universidad. Cuando llegué, mi abuela me ______(3) un plato sabroso de arroz con frijoles. La encontré triste porque la semana pasada su planta de tomates ______(4), y ahora tiene que comprar los tomates en el mercado. Me invitó a quedarme, y yo ______(5) en su casa. Por la mañana, abuela Lilia se despertó temprano, ______(6) y salió a comprar huevos para el desayuno. Me levanté inmediatamente y la ______(7) para ir con ella al mercado. En el mercado, ella me ______(8) que estaba triste por la planta de tomates. Le pregunté: ¿Debemos comprar otra planta de tomates?, pero ella ______(9) esperar hasta el verano. Después del desayuno ______(10) de ella y volví a la universidad. Quiero mucho a mi abuela. ¿Cuándo la vas a visitar?

Chau,

Mónica

Workbook

8.2 Double object pronouns

1 **Buena gente** Rewrite each sentence, replacing the direct objects with direct object pronouns.

1. La camarera te sirvió el plato de pasta con mariscos.
2. Isabel nos trajo (*brought*) la sal y la pimienta a la mesa.
3. Javier me pidió el aceite y el vinagre anoche.
4. El dueño nos busca una mesa para seis personas.
5. Tu madre me consigue unas uvas deliciosas.
6. ¿Te recomendaron este restaurante Lola y Paco?

2 **Pronombres** Rewrite each sentence, using double object pronouns.

1. Le pidieron los menús al camarero.
2. Nos buscaron un lugar cómodo para sentarnos.
3. Les sirven papas fritas con el pescado a los clientes.
4. Le llevan unos entremeses a la mesa a Marcos.
5. Me trajeron (*brought*) una ensalada de lechuga y tomate.
6. El dueño le compra la carne al señor Gutiérrez.
7. Ellos te muestran los vinos antes de servirlos.
8. La dueña nos abre la sección de no fumar.

Workbook

3 **¿Quiénes son?** Answer the questions, using double object pronouns.

1. ¿A quiénes les escribiste las cartas? (a ellos) ______
2. ¿Quién le recomendó ese plato? (su tío) ______
3. ¿Quién nos va a abrir la puerta a esta hora? (Sonia) ______
4. ¿Quién les sirvió el pescado asado? (Miguel) ______
5. ¿Quién te llevó los entremeses? (mis amigas) ______
6. ¿A quién le ofrece frutas Roberto? (a su familia) ______

4 **La cena** Read the two dialogues. Then answer the questions, using double object pronouns.

CELIA (*A Tito*) Rosalía me recomendó este restaurante.
DUEÑO Buenas noches, señores. Les traigo unos entremeses, cortesía del restaurante.
CAMARERO Buenas noches. ¿Quieren ver el menú?
TITO Sí, por favor. ¿Está buena la langosta?
CAMARERO Sí, es la especialidad del restaurante.
TITO Entonces queremos pedir dos langostas.
CELIA Y yo quiero una copa (*glass*) de vino tinto, por favor.

CAMARERO De postre (*for dessert*) tenemos flan y fruta.
CELIA Perdón, ¿me lo puede repetir?
CAMARERO Tenemos flan y fruta.
CELIA Yo no quiero nada de postre, gracias.
DUEÑO ¿Les gustó la cena?
TITO Sí, nos encantó. Muchas gracias. Fue una cena deliciosa.

1. ¿Quién le recomendó el restaurante a Celia? ______
2. ¿Quién les sirvió los entremeses a Celia y a Tito? ______
3. ¿Quién les trajo (*brought*) los menús a Celia y a Tito? ______
4. ¿Quién le recomendó a Tito la langosta? ______
5. ¿Quién le pidió las langostas al camarero? ______
6. ¿Quién le pidió un vino tinto al camarero? ______
7. ¿Quién le repitió a Celia la lista de postres (*desserts*)? ______
8. ¿A quién le dio (*gave*) las gracias Tito cuando se fueron? ______

8.3 Saber and conocer

1 **¿Saber o conocer?** Complete the sentences, using **saber** and **conocer.**

1. (Yo) No ______________________ a los padres de Arturo y Gustavo.
2. Carolina ______________________ varias ciudades de Canadá.
3. ¿(Tú) ______________________ las preguntas que nos van a dar en el examen?
4. León ______________________ preparar un pollo a la parmesana delicioso.
5. (Nosotros) ______________________ a la dueña del restaurante más caro de la ciudad.
6. Julio y tú ______________________ que estoy trabajando en mi casa hoy.

2 **¿Qué hacen?** Complete the sentences, using the verbs from the word bank. Use each verb only once.

conducir	ofrecer	saber
conocer	parecer	traducir

1. Gisela ______________________ una motocicleta por las calles (*streets*) de la ciudad.
2. Tú ______________________ servir el vino de una manera elegante.
3. El novio de Aurelia ______________________ ser inteligente y simpático.
4. En ese restaurante ya los ______________________ porque siempre van a comer allí (*there*).
5. Los vendedores del mercado al aire libre nos ______________________ rebajas.
6. (Yo) ______________________ libros de historia y de sociología al español.

3 **Oraciones completas** Create sentences, using the elements and **saber** or **conocer.**

1. Eugenia / mi amiga Frances

____

2. Tú / hablar español muy bien

____

3. El sobrino de Rosa / leer y escribir

____

4. José y Laura / la ciudad de Barcelona

____

5. Nosotros no / cuántas manzanas debemos comprar

____

6. (Yo) / al dueño del café La Paz

____

7. Elena y María Victoria / patinar en línea

____

Nombre Fecha

Workbook

8.4 Comparatives and superlatives

1 **¿Cómo se comparan?** Complete the sentences with the Spanish of the comparatives in parentheses.

1. Puerto Rico es ________________ (*smaller than*) Guatemala.
2. Álex corre ________________ (*faster than*) su amigo Ricardo.
3. Los champiñones son ________________ (*as tasty as*) las arvejas.
4. Los jugadores de baloncesto son ________________ (*taller than*) los otros estudiantes.
5. Jimena es ________________ (*more hard-working than*) su novio Pablo.
6. Marisol es ________________ (*less intelligent than*) su hermana mayor.
7. La nueva novela de ese escritor es ________________ (*as bad as*) su primera novela.
8. Agustín y Mario están ________________ (*less fat than*) antes.

2 **Es obvio** Write sentences that compare the two items, using the adjectives in parentheses.

modelo
(inteligente) Albert Einstein / Homer Simpson
Albert Einstein es más inteligente que Homer Simpson.

1. (famoso) Gloria Estefan / mi hermana
____
2. (difícil) estudiar química orgánica / leer una novela
____
3. (malo) el tiempo en Boston / el tiempo en Florida
____
4. (barato) los restaurantes elegantes / los restaurantes de hamburguesas
____
5. (viejo) mi abuelo / mi sobrino
____

3 **¿Por qué?** Complete the sentences with the correct comparatives.

modelo
Darío juega mejor al fútbol que tú.
Es porque Darío practica **más que tú**.

1. Mi hermano es más gordo que mi padre. Es porque mi hermano come ________________.
2. Natalia conoce más países que tú. Es porque Natalia viaja ________________.
3. Estoy menos cansado que David. Es porque duermo ________________.
4. Rolando tiene más hambre que yo. Va a comer ________________.
5. Mi vestido favorito es más barato que el tuyo. Voy a pagar ________________.
6. Julia gana más dinero que Lorna. Es porque Julia trabaja ________________.

Nombre Fecha

Workbook

4 **Facilísimo** Rewrite each sentence, using absolute superlatives.

1. Javier y Esteban están muy cansados. ______
2. Tu padre es muy joven. ______
3. La profesora es muy inteligente. ______
4. Las clases son muy largas. ______
5. La madre de Irene está muy feliz. ______
6. Estoy muy aburrido. ______

5 **El más...** Answer the questions affirmatively with the words in parentheses.

modelo
El auto está sucísimo, ¿no? (ciudad)
Sí, es el más sucio de la ciudad.

1. Esos vestidos son carísimos, ¿no? (tienda)
______
2. El almacén Velasco es buenísimo, ¿no? (centro comercial)
______
3. La cama de tu madre es comodísima, ¿no? (casa)
______
4. Ángel y Julio están nerviosísimos por el examen, ¿no? (clase)
______
5. Sara es jovencísima, ¿no? (mis amigas)
______

6 **¿Más o menos?** Read the pairs of sentences. Then write a new sentence that compares the pairs.

modelo
Ese hotel tiene cien habitaciones. El otro hotel tiene cuarenta habitaciones.
Ese hotel tiene más habitaciones que el otro.

1. La biblioteca tiene ciento cincuenta sillas. El laboratorio de lenguas tiene treinta sillas.
______
2. Ramón compró tres corbatas. Roberto compró tres corbatas.
______
3. Yo comí un plato de pasta. Mi hermano comió dos platos de pasta.
______
4. Anabel durmió ocho horas. Amelia durmió ocho horas.
______
5. Mi primo toma seis clases. Mi amiga Tere toma ocho clases.
______

7 **Síntesis** Conduct a survey of several people about a recent experience they had at a restaurant.

- What did they order?
- Who served them?
- Did they prefer this restaurant to others they had eaten at before?
- What did their dining companions think?

Then, ask them to review the restaurant for you. Ask them to compare the service, the food, the prices, and the ambience of the restaurant to those of others.

- How does it compare to other restaurants in the city and to other restaurants of its type?
- Ask them about some restaurants you know. Do they know these restaurants? Do they know where they are located?

When you are finished with the survey, prepare a report of the restaurants in your area, comparing them on the basis of the data you collected. Use as many different types of comparatives and superlative phrases as possible in your report.

Workbook

¡VIVAN LOS PAÍSES HISPANOS!

Suramérica I

1 **El mapa** Fill in the blanks with the population and the name of the capital of each country.

2 **¿De qué país es?** Write each of these words in the appropriate column in the chart.

bolívar	los Andes	El Salto Ángel	García Márquez
población indígena	Cartagena	tejidos	población: 29.076.000
área: 1.285.220 km^2	capital Bogotá	capital Lima	quechua
Canaima	lana de alpaca	dólar estadounidense	Barranquilla

Venezuela	Colombia	Ecuador	Perú

3 **Palabras cruzadas** (*crossed*) Write one letter in each square. Then answer the final question, using the new word that is formed.

1. Moneda de Perú
2. Nombre que los indígenas le dan al Parque nacional Canaima.
3. Las alpacas viven en Los Alpes de este país.
4. País suramericano con un área de 912.050 km^2
5. Estilo literario de Gabriel García Márquez
6. Las alpacas hacen ésto para defenderse.
7. Capital de Venezuela
8. Son de Ecuador y son famosos en todo el mundo por sus colores vivos.
9. El Salto Ángel es una.
10. Capital de Perú
11. Lima tiene playas en este océano.
12. Río más caudaloso del mundo
13. Moneda de Colombia

Venezuela, Colombia, Ecuador y Perú son países ______________________.

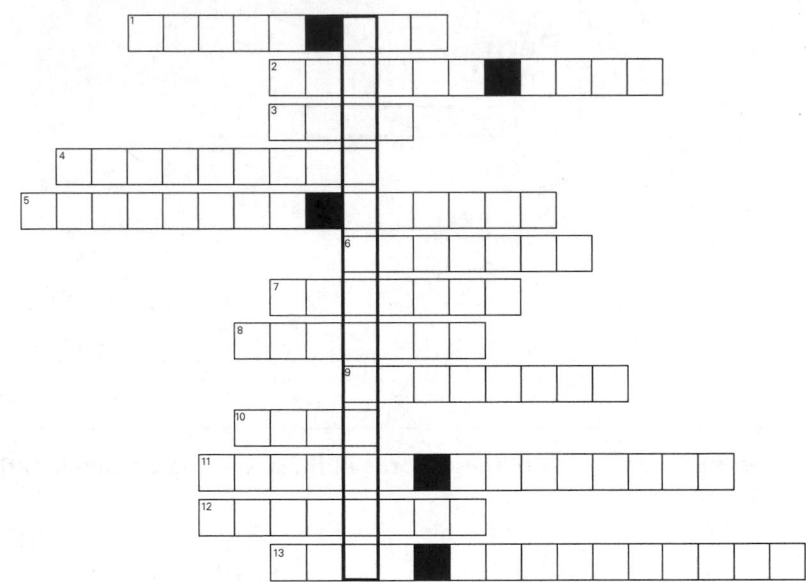

4 **¡A viajar!** Imagine that you won a trip to South America. Choose one of the countries described: **Venezuela, Colombia, Ecuador,** or **Perú**. Write a paragraph explaining your reasons for choosing that country.

Quiero ir a ______________ porque...

Nombre ______________________ Fecha ______________________

REPASO

Lecciones 5–8

Workbook

1 **¿Son o están?** Form complete sentences using the words provided and **ser** or **estar.**

1. Paloma y Carlos / en la agencia de viajes
____
2. Sus padres / del Perú
____
3. Nosotros / alegres por el viaje a Lima
____
4. Su primo / esperándolos en el aeropuerto
____
5. Paloma / una turista amable
____

2 **¿Te importa?** Complete the sentences with the correct reflexive pronoun and the form of the verb in parentheses.

1. A nosotros ______________ (gustar) la comida cubana.
2. A mí ______________ (encantar) los huevos fritos.
3. A mi hermano ______________ (molestar) el olor a pescado.
4. A ustedes no ______________ (importar) esperar un rato para sentarse, ¿no?
5. A ti ______________ (fascinar) los restaurantes franceses.
6. A ellos ______________ (faltar) tiempo para beber el café.

3 **Las vacaciones** Complete the paragraph with the correct preterite forms of the verbs in parentheses.

Ignacio y yo ______ (1) (ir) de viaje a Viña del Mar, en Chile. Nosotros ______ (2) (comprar) pasajes baratos el mes pasado. Yo ______ (3) (buscar) precios de pasajes para Chile en Internet. Los padres de Ignacio ______ (4) (llegar) la semana pasada a Viña del Mar. Su padre ______ (5) (preferir) llegar antes que nosotros para regresar más temprano. El primer día, ellos ______ (6) (dormir) hasta tarde. Ignacio ______ (7) (ir) al hotel donde sus padres se ______ (8) (quedar). Su madre se ______ (9) (aburrir) un poco los primeros días. Pero después, ella se ______ (10) (interesar) más en la cultura local. Los padres de Ignacio ______ (11) (repetir) una y otra vez lo mucho que les ______ (12) (gustar) Viña del Mar. Nosotros ______ (13) (ir) a comer al restaurante del hotel y ______ (14) (pedir) machas a la parmesana, un plato típico de Chile. El camarero ______ (15) (servir) vino. La noche ______ (16) (ser) muy divertida.

4 **No son éstos** Answer these questions negatively using demonstrative pronouns.

modelo
¿Les vas a prestar esos programas a ellos? (*those over there*)
No, les voy a prestar aquéllos.

1. ¿Me vas a vender esa pelota de fútbol? (*this one*)
2. ¿Van ustedes a mostrarle ese traje al cliente? (*that one over there*)
3. ¿Va a llevarles estas bolsas Marisol? (*those ones*)
4. ¿Les van a vender esos guantes a los estudiantes? (*these ones*)

5 **No, nada, nunca** Answer the questions negatively, using negative words.

1. ¿Llegó José con alguna amiga a la cena?
2. ¿Te enojaste con alguien en el restaurante?
3. ¿Les gustó la comida a los otros invitados?
4. ¿Siempre se van tan tarde de las fiestas Raúl y su esposa?

6 **La compra** Look at the photo and imagine everything that led up to the woman's purchase. What did she need? Why did she need it? What kind of weather is it for? Where did she decide to go buy it? Where did she go looking for it? Who helped her, and what did she ask them? Did she bargain with anyone? Was she undecided about anything? How did she pay for the purchase? Who did she pay? Answer these questions in a paragraph, using the preterite of the verbs that you know.

Nombre ______________________ Fecha ______________________

PREPARACIÓN

Lección 9

Workbook

1 **Identificar** Label the following terms as **estado civil, fiesta,** or **etapa de la vida.**

1. casada ______________________
2. adolescencia ______________________
3. viudo ______________________
4. juventud ______________________
5. Navidad ______________________
6. niñez ______________________
7. vejez ______________________
8. aniversario de bodas ______________________
9. divorciado ______________________
10. madurez ______________________
11. cumpleaños ______________________
12. soltera ______________________

2 **Las etapas de la vida** Label the stages of life on the timeline.

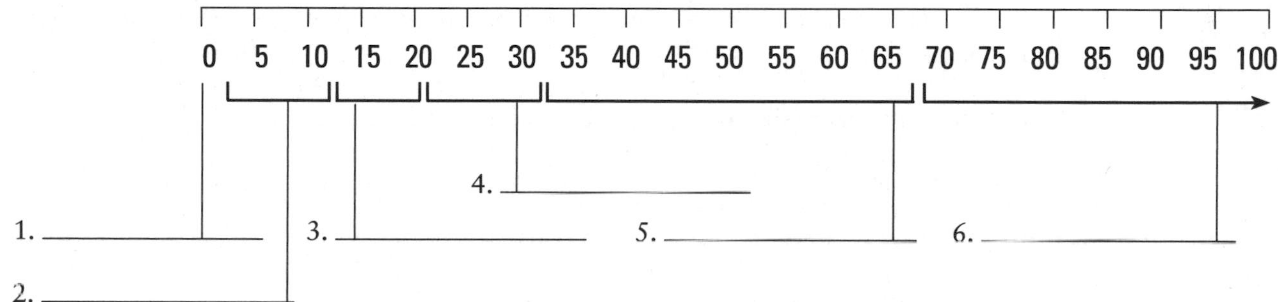

3 **Escribir** Fill in the blank with the stage of life in which these events would normally occur.

1. jubilarse ______________________
2. graduarse en la universidad ______________________
3. cumplir nueve años ______________________
4. conseguir el primer trabajo ______________________
5. graduarse en la escuela secundaria ______________________
6. morir o quedar viudo ______________________
7. casarse (por primera vez) ______________________
8. tener un hijo ______________________
9. celebrar el cincuenta aniversario de bodas ______________________
10. tener la primera cita ______________________

4 **Información personal** Read the descriptions and answer the questions.

"Me llamo Jorge Rosas. Nací el 26 de enero de 1948. Mi esposa murió el año pasado. Tengo dos hijos: Marina y Daniel. Terminé mis estudios de sociología en la Universidad Interamericana en 1970. Me voy a jubilar este año. Voy a celebrar este evento con una botella de champán".

1. ¿Cuál es la fecha de nacimiento de Jorge? ______________________
2. ¿Cuál es el estado civil de Jorge? ______________________
3. ¿En qué etapa de la vida está Jorge? ______________________
4. ¿Cuándo es el cumpleaños de Jorge? ______________________
5. ¿Cuándo se graduó Jorge? ______________________
6. ¿Cómo va a celebrar la jubilación (*retirement*) Jorge? ______________________

"Soy Julia Jiménez. Nací en 1973. Me comprometí a los veinte años, pero rompí con mi novio antes de casarme. Ahora estoy saliendo con un músico cubano. Soy historiadora del arte desde que terminé mi carrera (*degree*) en la Universidad de Salamanca en 1995. Mi cumpleaños es el 11 de marzo. Mi postre favorito es el flan".

7. ¿Cuál es la fecha de nacimiento de Julia? ______________________
8. ¿Cuál es el estado civil de Julia? ______________________
9. ¿En qué etapa de la vida está Julia? ______________________
10. ¿Cuándo es el cumpleaños de Julia? ______________________
11. ¿Cuándo se graduó Julia? ______________________
12. ¿Cuál es el postre favorito de Julia? ______________________

"Me llamo Manuel Blanco y vivo en Caracas. Mi esposa y yo nos comprometimos a los veintiséis años, y la boda fue dos años después. Pasaron quince años y tuvimos tres hijos. Me gustan mucho los dulces".

13. ¿Dónde vive Manuel? ______________________
14. ¿En qué etapa de la vida se comprometió Manuel? ______________________
15. ¿A qué edad se casó Manuel? ______________________
16. ¿Cuál es el estado civil de Manuel? ______________________
17. ¿Cuántos hijos tiene Manuel? ______________________
18. ¿Qué le gusta comer a Manuel? ______________________

Workbook

GRAMÁTICA

9.1 Irregular preterites

1 **¿Hay o hubo?** Complete these sentences with the correct tense of **haber**.

1. Ahora _______________ una fiesta de graduación en el patio de la universidad.
2. _______________ muchos invitados en la fiesta de aniversario anoche.
3. Ya _______________ una muerte en su familia el año pasado.
4. Siempre _______________ galletas y dulces en esas conferencias.
5. _______________ varias botellas de vino, pero los invitados se las tomaron.
6. Por las mañanas _______________ unos postres deliciosos en esa tienda.

2 **¿Cómo fue?** Complete these sentences with the preterite of the verb in parentheses.

1. Cristina y Lara te _______________ (estar) buscando en la fiesta anoche.
2. (Yo) _______________ (Tener) un problema con mi pasaporte y lo pasé mal en la aduana.
3. Rafaela _______________ (venir) temprano a la fiesta y conoció a Humberto.
4. El padre de la novia _______________ (hacer) un brindis por los novios.
5. Tus padres _______________ (tener) un divorcio relativamente amistoso (*friendly*).
6. Román _______________ (poner) las maletas en el auto antes de salir.

3 **¿Qué hicieron?** Complete these sentences, using the preterite of **decir, conducir, traducir,** and **traer.**

1. Felipe y Silvia _______________ que no les gusta ir a la playa.
2. Claudia le _______________ unos papeles al inglés a su hermano.
3. David _______________ su motocicleta nueva durante el fin de semana.
4. Rosario y Pepe me _______________ un pastel de cumpleaños de regalo.
5. Cristina y yo les _______________ a nuestras amigas que vamos a bailar.
6. Cuando fuiste a Guatemala, (tú) nos _______________ regalos.

4 **Es mejor dar...** Rewrite these sentences in the preterite tense.

1. Antonio le da un beso a su madre.

____

2. Los invitados le dan las gracias a la familia.

____

3. Tú les das una sorpresa a tus padres.

____

4. Rosa y yo le damos una sorpresa al profesor.

____

Workbook

5 **El pasado** Create sentences using the elements provided. Use the preterite tense of the verbs.

1. Rosalía / hacer / galletas
____
2. Mi tía / estar / en Perú
____
3. (Yo) / venir / a este lugar
____
4. Rita y Sara / decir / la verdad
____
5. Ustedes / poner / la televisión
____
6. Ellos / producir / una película
____
7. (Nosotras) / traer / una cámara
____
8. (Tú) / tener / un examen
____

6 **Ya lo hizo** Answer the questions negatively, indicating that the action has already occurred. Use the words in parentheses.

modelo

¿Quiere Pepe cenar en el restaurante japonés? (restaurante mexicano)
No, Pepe ya cenó en el restaurante mexicano.

1. ¿Vas a estar en la biblioteca hoy? (ayer)
____
2. ¿Quieren dar una fiesta Elena y Miguel este fin de semana? (el sábado pasado)
____
3. ¿Debe la profesora traducir esa novela este semestre? (el año pasado)
____
4. ¿Va a haber un pastel de limón en la cena de hoy? (anoche)
____
5. ¿Deseas poner los abrigos en la silla? (sobre la cama)
____
6. ¿Van ustedes a tener un hijo? (tres hijos)
____

Workbook

9.2 Verbs that change meaning in the preterite

1 **Completar** Complete these sentences with the preterite tense of the verbs in parentheses.

1. Liliana no ______________ (poder) llegar a la fiesta de cumpleaños de Esteban.
2. Las chicas ______________ (conocer) a muchos estudiantes en la biblioteca.
3. Raúl y Marta no ______________ (querer) invitar al padre de Raúl a la boda.
4. Lina ______________ (saber) ayer que sus tíos se van a divorciar.
5. (Nosotros) ______________ (poder) regalarle una bicicleta a Marina.
6. María ______________ (querer) romper con su novio antes del verano.

2 **Traducir** Use these verbs to write sentences in Spanish.

conocer	querer
poder	saber

1. I failed to finish the book on Wednesday.

____

2. Inés found out last week that Vicente is divorced.

____

3. Her girlfriends tried to call her, but they failed to.

____

4. Susana met Alberto's parents last night.

____

5. The waiters managed to serve dinner at eight.

____

6. Your mother refused to go to your brother's house.

____

3 **Raquel y Ronaldo** Complete the paragraph with the preterite of the verbs in the word bank.

conocer	querer
poder	saber

El año pasado Raquel ______(1)______ al muchacho que ahora es su esposo, Ronaldo. Primero, Raquel no ______(2)______ salir con él porque él vivía (*was living*) en una ciudad muy lejos de ella. Ronaldo ______(3)______ convencerla durante muchos meses, pero no ______(4)______ hacerlo. Finalmente, Raquel decidió darle una oportunidad a Ronaldo. Cuando empezaron a salir, Raquel y Ronaldo ______(5)______ inmediatamente que eran el uno para el otro (*they were made for each other*). Raquel y Ronaldo ______(6)______ comprar una casa en la misma ciudad y se casaron ese verano.

Workbook

9.3 Relative pronouns

1 **Relativamente** Complete the sentences with **que, quien**, or **quienes**.

1. La chica con _______________ quiero ir a la fiesta se llama Luisa.
2. Julio es la persona _______________ está planeando la fiesta.
3. Los amigos a _______________ conozco de la escuela van a ir a la fiesta.
4. María es la chica _______________ cumple quince años.
5. La fiesta _______________ está planeando Julio es un aniversario de bodas.
6. La ropa _______________ quiero usar en la fiesta es muy elegante.
7. Los amigos con _______________ voy a la fiesta son muy divertidos.
8. Luisa es la única amiga _______________ no sé si va a ir a la fiesta.

2 **Fiesta sorpresa** Answer the questions using the words in parentheses.

modelo

¿Qué es lo que está pasando aquí? (fiesta sorpresa)
Lo que está pasando aquí es una fiesta sorpresa.

1. ¿Qué es lo que celebramos? (el cumpleaños de tu hermana)

____

2. ¿Qué es lo que llevas de ropa? (vestido nuevo)

____

3. ¿Qué es lo que tiene esa caja grande? (un regalo para tu hermana)

____

4. ¿Qué es lo que estás comiendo? (pastel de chocolate)

____

5. ¿Qué es lo que bailan los invitados? (salsa)

____

6. ¿Qué es lo que beben los tíos Ana y Mauricio? (vino)

____

3 **¿Que o lo que?** Complete the sentences with **que** or **lo que**.

1. El pastel de cumpleaños _______________ me trajo mi abuela es delicioso.
2. _______________ más le gusta a mi abuela es celebrar los cumpleaños de sus nietos.
3. Las fiestas _______________ organiza mi abuela son muy divertidas.
4. En sus fiestas todos nos reímos mucho, eso es _______________ nos encanta de sus fiestas.

4 **Pronombres relativos** Complete the sentences with **que, quien, quienes,** or **lo que**.

1. Los vecinos ____________________ viven frente a mi casa nos invitaron a una fiesta muy elegante.
2. ____________________ están celebrando es su aniversario de bodas.
3. Aurora y Ana, ____________________ son mis amigas de la escuela, van a ir también a la fiesta.
4. La fiesta ____________________ están organizando va a ser muy divertida.
5. Marcela y Luis, ____________________ son nuestros vecinos también, están haciendo la comida.
6. Yo puedo usar el carro de mi hermano, a ____________________ le regalaron uno en Navidad.

5 **Mi amiga Natalia** Complete the paragraph with **que, quien, quienes,** or **lo que**.

Natalia, ______(1)______ es mi amiga, tiene una gran idea. Natalia es la amiga ______(2)______ más quiero de todas. ______(3)______ Natalia pensó es hacer una gran fiesta de Navidad con toda su familia. Su papá, a ______(4)______ ella quiere mucho, va a ayudarla con la fiesta. La fiesta ______(5)______ Natalia y su papá quieren hacer va a ser una fiesta muy especial. Natalia, ______(6)______ es muy organizada, ya tiene una lista de todas las cosas que tiene que hacer. Tiene dos amigas con ______(7)______ va a ir de compras. Ella también tiene que estudiar para sus exámenes finales, ______(8)______ es muy importante. Pero sus amigas, ______(9)______ no tenemos exámenes finales, la estamos ayudando. Además dos amigos de su padre, a ______(10)______ Natalia llama tíos, también la están ayudando. Todos los miembros de su familia, ______(11)______ son los invitados, van a pasarlo muy bien. ¡______(12)______ Natalia necesita de regalo de Navidad son unas vacaciones!

6 **Una fiesta** Write a paragraph about a party. Be sure to use **que, lo que, quien,** and **quienes**.

____

____

____

____

____

____

____

____

____

____

Nombre ______________________ Fecha ______________________

9.4 ¿Qué? and ¿cuál?

1 **¿Qué o cuál?** Complete these sentences with **qué, cuál,** or **cuáles.**

1. ¿______________________ estás haciendo ahora?
2. ¿______________________ gafas te gustan más?
3. ¿______________________ prefieres, el vestido largo o el corto?
4. ¿Sabes ______________________ de éstos es mi disco favorito?
5. ¿______________________ es un departamento de hacienda?
6. ¿______________________ trajiste, las de banana o las de limón?
7. ¿______________________ auto compraste este año?
8. ¿______________________ es la tienda más elegante del centro?

2 **Muchas preguntas** Complete the sentences with interrogative words or phrases.

1. ¿______________________ de esas muchachas es tu novia?
2. ¿______________________ es una vendetta?
3. ¿______________________ años cumple tu mamá este año?
4. ¿______________________ pusiste las fotos de la boda?
5. ¿______________________ te dijo esa mentira?
6. ¿______________________ te regalaron ese vestido tan hermoso?
7. ¿______________________ empieza el partido de tenis?
8. ¿______________________ de estos dulces te gustan más?
9. ¿______________________ pudiste terminar la tarea esa noche?
10. ¿______________________ te llevó tu esposo para celebrar su aniversario?

3 **¿Cuál es la pregunta?** Write questions that correspond to these responses. Use each word or phrase from the word bank only once.

¿a qué hora?	¿cuál?	¿cuándo?	¿de dónde?	¿qué?
¿adónde?	¿cuáles?	¿cuántos?	¿dónde?	¿quién?

1. ____
La camisa que más me gusta es ésa.

2. ____
Hoy quiero descansar durante el día.

3. ____
Mi profesora de matemáticas es la señora Aponte.

4. ______

Soy de Buenos Aires, Argentina.

5. ______

Mis gafas favoritas son las azules.

6. ______

El pastel de cumpleaños está en el refrigerador.

7. ______

La fiesta sorpresa empieza a las ocho en punto de la noche.

8. ______

El restaurante cierra los lunes.

9. ______

Hay ciento cincuenta invitados en la lista.

10. ______

Vamos a la fiesta de cumpleaños de Inés.

4 **Síntesis** Research the life of a famous person who has had a stormy personal life, such as Elizabeth Taylor or Henry VIII. Write a brief biography of the person, including the following information:

- When was the person born?
- What was that person's childhood like?
- With whom did the person fall in love?
- Who did the person marry?
- Did he or she have children?
- Did the person get divorced?
- Did the person go to school, and did he or she graduate?
- How did his or her career or lifestyle vary as the person went through different stages in life?

PREPARACIÓN

Lección 10

1 **El cuerpo humano** Label the parts of the body.

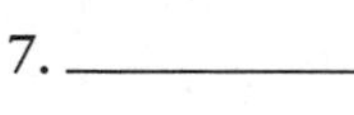

1. ______________________
2. ______________________
3. ______________________
4. ______________________
5. ______________________
6. ______________________
7. ______________________
8. ______________________

2 **¿Adónde vas?** Fill in each blank with the place that matches the description.

la clínica	el dentista	el hospital
el consultorio	la farmacia	la sala de emergencia

1. tienes que comprar aspirina ______________________
2. tienes un dolor de muelas ______________________
3. te rompes una pierna ______________________
4. te debes hacer un examen médico ______________________
5. te van a hacer una operación ______________________
6. te van a poner una inyección ______________________

3 **Las categorías** List these terms with the appropriate category.

antibiótico	gripe	radiografía
aspirina	infección	receta
congestionado	operación	resfriado
dolor de cabeza	pastilla	tomar la temperatura
estornudos	poner una inyección	tos
fiebre		

Síntoma: ______________________

Enfermedad: ______________________

Diagnóstico: ______________________

Tratamiento (*Treatment*): ______________________

Workbook

4 **Oraciones completas** Complete the sentences with the correct words.

alérgica	embarazada	hueso	receta
caerse	farmacia	inyección	salud
duele	fiebre	radiografía	síntomas

1. La señora Gandía va a tener un hijo en septiembre. Está ______________.
2. Manuel tiene la temperatura muy alta. Tiene ______________.
3. A Rosita le recetaron un antibiótico y le van a poner una ______________.
4. A Pedro le cayó una mesa en el pie. El pie le ______________ mucho.
5. Mi tía estornuda mucho durante la primavera. Es ______________ al polen.
6. Tienes que llevar la ______________ a la farmacia para que te vendan (*in order for them to sell you*) la medicina.
7. Le tomaron una ______________ de la pierna para ver si se le rompió.
8. Los ______________ de un resfriado son los estornudos y la tos.

5 **Doctora y paciente** Choose the logical sentences to complete the dialogue.

DOCTORA ¿Qué síntomas tienes?

1. PACIENTE ______________
a. Tengo tos y me duele la cabeza.
b. Soy muy saludable.
c. Me recetaron un antibiótico.

2. DOCTORA ______________
a. ¿Cuándo fue el accidente?
b. ¿Te dio fiebre ayer?
c. ¿Dónde está la sala de emergencia?

3. PACIENTE ______________
a. Fue a la farmacia.
b. Me torcí el tobillo.
c. Sí, mi esposa me tomó la temperatura.

4. DOCTORA ______________
a. ¿Estás muy congestionado?
b. ¿Estás embarazada?
c. ¿Te duele una muela?

5. PACIENTE ______________
a. Sí, me hicieron una operación.
b. Sí, estoy mareado.
c. Sí, y también me duele la garganta.

6. DOCTORA ______________
a. Tienes que ir al consultorio.
b. Es una infección de garganta.
c. La farmacia está muy cerca.

7. PACIENTE ______________
a. ¿Tengo que tomar un antibiótico?
b. ¿Debo ir al dentista?
c. ¿Qué indican las radiografías?

8. DOCTORA ______________
a. Sí, eres alérgico.
b. Sí, te lastimaste el pie.
c. Sí, ahora te lo voy a recetar.

Nombre ______________________ Fecha ______________________

Workbook

GRAMÁTICA

10.1 The imperfect tense

1 **El imperfecto** Complete the sentences with the correct forms of the verbs in parentheses.

1. Antes, la familia Álvarez ______________ (cenar) a las ocho de la noche.
2. De niña, yo ______________ (cantar) en el Coro de Niños de San Juan.
3. Cuando vivían en la costa, ustedes ______________ (ser) muy felices.
4. Mis hermanas y yo ______________ (jugar) en un equipo de béisbol.
5. La novia de Raúl ______________ (tener) el pelo rubio en ese tiempo.
6. Antes de tener la computadora, (tú) ______________ (escribir) a mano (*by hand*).
7. (Nosotros) ______________ (creer) que el concierto era el miércoles.
8. Mientras ellos lo ______________ (buscar) en su casa, él se fue a la universidad.

2 **Oraciones imperfectas** Create sentences with the elements provided. Use the correct imperfect tense forms of the verbs.

1. mi abuela / ser / muy trabajadora y amable

____

2. tú / ir / al teatro / cuando vivías en Nueva York

____

3. ayer / haber / muchísimos pacientes en el consultorio

____

4. (nosotros) / ver / tu casa desde allí

____

5. ser / las cinco de la tarde / cuando llegamos a San José

____

6. ella / estar / muy nerviosa durante la operación

____

3 **No, pero antes...** Answer the questions negatively, using the imperfect tense.

modelo

¿Juega Daniel al fútbol?

No, pero antes jugaba.

1. ¿Hablas por teléfono? ______________________________
2. ¿Fue a la playa Susana? ______________________________
3. ¿Come carne Benito? ______________________________
4. ¿Te trajo tu novio? ______________________________
5. ¿Conduce tu mamá? ______________________________

4 **¿Qué hacían?** Write sentences that say what the people in the drawings were doing yesterday at three o'clock in the afternoon. Use the subjects provided.

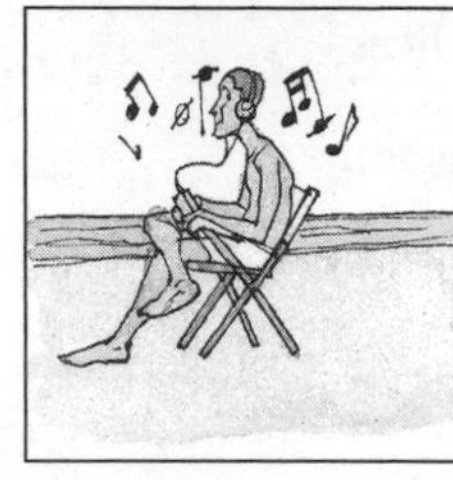

1. Tú

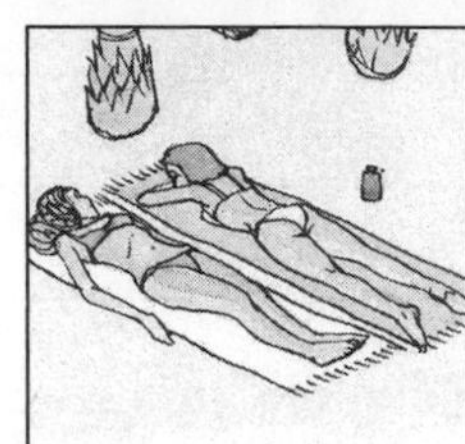

2. Rolando

3. Pablo

4. Lilia y yo

5 **Antes y ahora** Javier is thinking about his childhood—how things were then and how they are now. Write two sentences saying what Javier used to do and what he does now.

modelo

vivir en casa / vivir en la residencia estudiantil
Antes vivía en casa.
Ahora vivo en la residencia estudiantil.

1. jugar al fútbol con mis primos / jugar en el equipo de la universidad

2. escribir las cartas a mano / escribir mensajes electrónicos en la computadora

3. ser gordito (*chubby*) / ser delgado

4. tener a mi familia cerca / tener a mi familia lejos

5. estudiar en mi habitación / estudiar en la biblioteca

6. conocer personas de mi ciudad / conocer personas de todo (*the whole*) el país

Nombre ____________________ Fecha ____________________

10.2 Constructions with se

1 **¿Qué se hace?** Complete the sentences with verbs from the word bank. Use impersonal constructions with **se**.

caer	hablar	recetar	vender
dañar	poder	servir	vivir

1. En Costa Rica ____________________ español.
2. En las librerías ____________________ libros y revistas.
3. En los restaurantes ____________________ comida.
4. En los consultorios ____________________ medicinas.
5. En el campo ____________________ muy bien.
6. En el mar ____________________ nadar y pescar.

2 **Los anuncios** Write advertisements or signs for the situations described. Use impersonal constructions with **se**.

1. "Está prohibido fumar".

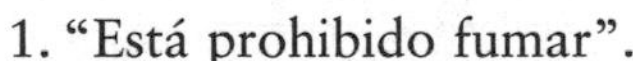

2. "Vendemos periódicos".

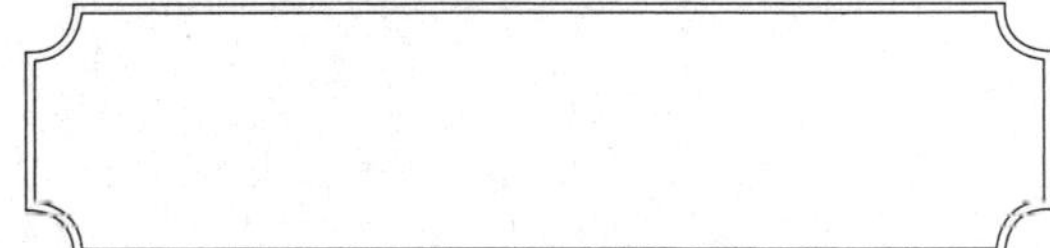

3. "Hablamos español".

4. "Necesitamos enfermeras".

5. "No debes nadar".

6. "Estamos buscando un auto usado".

3 **Pronombres** Complete the sentences with the correct indirect object pronouns.

1. Se ____________________ perdieron las maletas a Roberto.
2. A mis hermanas se ____________________ cayó la mesa.
3. A ti se ____________________ olvidó venir a buscarme ayer.
4. A mí se ____________________ quedó la ropa nueva en mi casa.
5. A las tías de Ana se ____________________ rompieron los vasos.
6. A Isabel y a mí se ____________________ dañó el auto.

4

El verbo correcto Choose the correct form of the verb in parentheses, then rewrite each sentence.

1. A Marina se le (cayó, cayeron) la bolsa.
2. A ti se te (olvidó, olvidaron) comprarme la medicina.
3. A nosotros se nos (quedó, quedaron) los libros en el auto.
4. A Ramón y a Pedro se les (dañó, dañaron) el proyecto.

5

Eso pasó Create sentences using the elements provided and impersonal constructions with **se**. Use the preterite tense of the verbs.

modelo

(a Raquel) / olvidar / comer antes de salir
Se le olvidó comer antes de salir.

1. (a tu hermana) / perder / las llaves del auto
2. (a ustedes) / olvidar / ponerse las inyecciones
3. (a ti) / caer / los papeles del médico
4. (a Marcos) / romper / la pierna cuando esquiaba
5. (a mí) / dañar / la cámara durante el viaje

6

¿Qué pasó? Answer the questions, using the phrases in parentheses.

modelo

¿Qué le pasó a Roberto? (quedar los libros en casa)
Se le quedaron los libros en casa.

1. ¿Qué les pasó a Pilar y a Luis? (dañar el coche)
2. ¿Qué les pasó a los padres de Sara? (romper la botella de vino)
3. ¿Qué te pasó a ti? (perder las llaves de la casa)
4. ¿Qué les pasó a ustedes? (quedar las toallas en la playa)
5. ¿Qué le pasó a Hugo? (olvidar estudiar para el examen)

Nombre ______________________ Fecha ______________________

Workbook

10.3 Adverbs

1 **Adjetivos y adverbios** Complete the sentences by changing the adjectives in the first sentences into adverbs in the second.

1. Los conductores son lentos. Conducen ______________________.
2. Esa doctora es amable. Siempre nos saluda ______________________.
3. Los autobuses de mi ciudad son frecuentes. Pasan por la parada ______________________.
4. Rosa y Julia son chicas muy alegres. Les encanta bailar y cantar ______________________.
5. Mario y tú hablan un español perfecto. Hablan español ______________________.
6. Los pacientes visitan al doctor de manera constante. Lo visitan ______________________.
7. Llegar tarde es normal para David. Llega tarde ______________________.
8. Me gusta trabajar de manera independiente. Trabajo ______________________.

2 **Adverbios** Complete the sentences with adverbs and adverbial expressions from the word bank. Use each term once.

a menudo	casi
a tiempo	por lo menos
bastante	pronto

1. Tito no es un niño muy sano. Se enferma ______________________.
2. El doctor Garrido es muy puntual. Siempre llega al consultorio ______________________.
3. Mi madre visita al doctor con frecuencia. Se chequea ______________________ una vez cada año.
4. Fui al doctor el año pasado. Tengo que volver ______________________.
5. Llegué tarde al autobús, y ______________________ tuve que ir al centro caminando.
6. El examen fue ______________________ difícil.

3 **Más adverbios** Complete the sentences with the adverbs or adverbial phrases that correspond to the words in parentheses.

1. Llegaron temprano al concierto; ______________________ (*so*) consiguieron asientos muy buenos.
2. El accidente fue ______________________ (*quiet*) grave, pero al conductor no se le rompió ningún hueso.
3. Irene y Vicente van a comer ______________________ (*less*) porque quieren estar más delgados.
4. Silvia y David ______________________ (*almost*) se cayeron de la motocicleta cerca de su casa.
5. Para aprobar (*pass*) el examen, tienes que contestar ______________________ (*at least*) el 75% de las preguntas.
6. Mi mamá ______________________ (*sometimes*) se tuerce el tobillo cuando camina mucho.

Nombre ______________________ Fecha ______________________

4 **Háblame de ti** Answer the questions using the adverbs and adverbial phrases that you learned in this lesson. Do not repeat the adverb or adverbial phrase of the question. Then, say how long ago you last did each activity.

modelo

¿Vas a la playa siempre?

No, voy a la playa a veces. Hace cuatro meses que no voy a la playa.

1. ¿Tú y tus amigos van al cine con frecuencia?

____

2. ¿Comes comida china?

____

3. ¿Llegas tarde a tu clase de español?

____

4. ¿Te enfermas con frecuencia?

____

5. ¿Comes carne?

____

5 **Síntesis** Think of a summer in which you did a lot of different things on vacation or at home. State the activities that you used to do during that summer; mention which of those things you still do in the present. How often did you do those activities then? How often do you do them now? How long ago did you do some of those things? Create a "photo album" of that summer, using actual photographs if you have them, or drawings that you make. Use your writing about the summer as captions for the photo album.

____

____

____

____

____

____

____

____

____

____

____

Nombre ______________________ Fecha ______________________

Workbook

¡VIVAN LOS PAÍSES HISPANOS!

Suramérica II

1 **El mapa** Answer the questions in the map with complete sentences.

1. ¿Cuál es uno de los sitios turísticos más visitados de este país?
2. ¿Por qué es especial el lago Titicaca?
BOLIVIA
PARAGUAY
3. ¿Qué es un elemento esencial de la dieta diaria de la población de este país?
CHILE
ARGENTINA
URUGUAY
Cordillera de los Andes
5. ¿Cuáles son los deportes que se practican en las montañas nevadas de la Cordillera de los Andes?
4. ¿Cómo se hizo el tango durante los años 30?
Islas Malvinas

2 **Palabras desordenadas** Unscramble the words about Argentina, Chile, Uruguay, Paraguay, and Bolivia, using the clues.

1. ODNETOVEMI ______________________
   (capital de Uruguay)
2. SANACFIRA ______________________
   (una de las raíces del tango)
3. TOORVPOAVCI ______________________
   (una característica del tango en un principio)
4. ÚIAUZG ______________________
   (cataratas que se forman en la frontera entre Brasil, Argentina y Paraguay)
5. EPIIROM ______________________
   (lo que fundaron los hijos del dios Sol cuando emergieron del lago Titicaca, según la mitología inca)
6. ILRARADLAP ______________________
   (uno de los platos más conocidos en Uruguay y Argentina)
7. AGÍRNUA ______________________
   (la moneda que se usa en Paraguay)
8. AZALACBA ______________________
   (el material que se usa para hacer la taza en donde se bebe mate)
9. IOENVRNI ______________________
   (tipo de deportes que son el esquí y el snowboard)
10. YAGPUARA ______________________
    (río que divide el Gran Chaco)

Workbook

3 **Palabras cruzadas** (*crossed*) Write a description of each of the words that are formed horizontally. Then, write a question that corresponds to the word that is formed vertically in bold letters.

1. ______________________
2. ______________________
3. ______________________
4. ______________________
5. ______________________
6. ______________________
7. ______________________
8. ______________________
9. ______________________
10. ______________________

¿______________________?

Mendoza
b**o**mbilla
Para**n**á
peso argen**t**ino
nav**e**gable
Boli**v**ia
Port**i**llo
asa**d**o
port**e**ño
Buen**o**s Aires

4 **¿Qué se hace?** Read each statement and choose the logical response.

____ 1. En Chile se practican
____ 2. El lago Titicaca está en
____ 3. En Argentina se baila
____ 4. La mitología inca cuenta que
____ 5. En Uruguay y en Argentina se come
____ 6. En Paraguay se visitan
____ 7. La moneda que se usa en Paraguay es
____ 8. En Uruguay y Argentina se bebe

a. su imperio surgió del lago Titicaca.
b. los Andes de Bolivia y Perú.
c. mate con un popote metálico.
d. las famosas cataratas de Iguazú.
e. el guaraní.
f. deportes de invierno.
g. tango, baile de raíces africanas y europeas.
h. asado, parrillada y chivito.

PREPARACIÓN

Lección 11

1 **La tecnología** Fill in the blanks with the correct terms.

1. Para multiplicar y dividir puedes usar ______________________.
2. Para hacer videos de tu familia puedes usar ______________________.
3. Cuando vas a un sitio web, lo primero (*the first thing*) que ves es ______________________.
4. Cuando no estás en casa y alguien te llama, te deja un mensaje en ______________________.
5. La red de computadoras y servidores más importante del mundo es ______________________.
6. Para poder ver muchos programas distintos, tienes que tener ______________________.

2 **Eso hacían** Match a subject from the word bank to each verb phrase. Then write complete sentences for the pairs using the imperfect.

algunos jóvenes estadounidenses	**el conductor del autobús**	**el mecánico de Jorge**
el auto viejo	**la impresora nueva**	**el teléfono celular**

1. manejar lentamente por la nieve
____
2. imprimir los documentos muy rápido
____
3. revisarle el aceite al auto todos los meses
____
4. sonar en la casa pero nadie contestarlo
____
5. no arrancar cuando llover
____
6. navegar en Internet de niños
____

3 **La computadora** Label the drawing with the correct terms.

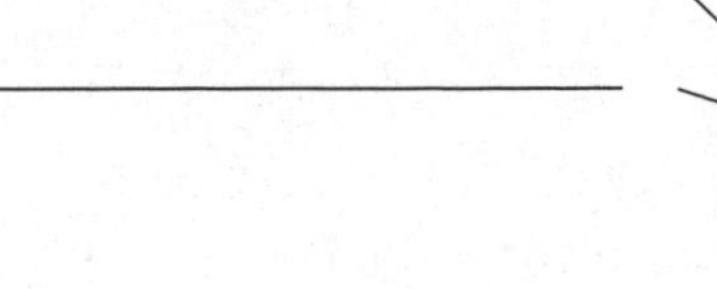

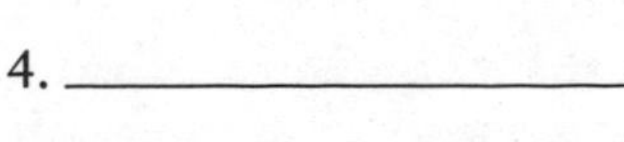

1. ______________________
2. ______________________
3. ______________________
4. ______________________
5. ______________________
6. ______________________
7. ______________________

Workbook

4 **Preguntas** Answer the questions with complete sentences.

1. ¿Para qué se usa la impresora?
2. ¿Para qué se usan los frenos del coche?
3. ¿Qué se usa para enviar documentos?
4. ¿Qué se usa para manejar el carro?
5. ¿Qué se usa para cambiar los canales del televisor?
6. ¿Para qué se usan las llaves del carro?

5 **Mi primer día manejando** Complete the paragraph with terms from the word bank using the appropriate tense of each verb.

accidente	descargar	licencia de conducir	parar	taller mecánico
aceite	entré	llanta	policía	tráfico
arrancar	estacionar	lleno	revisar	velocidad máxima
calle	lento		subir	

Después de dos examenes, conseguí mi ______(1)______ para poder manejar legalmente por primera vez. Estaba muy emocionado cuando ______(2)______ al carro de mi papá. El tanque estaba ______(3)______, el ______(4)______ lo revisaron el día anterior *(previous)* en el ______(5)______. El carro y yo estábamos listos para ______(6)______. Primero salí por la ______(7)______ en donde está mi casa. Luego llegué a un área de la ciudad donde había mucha gente y también mucho ______(8)______. Se me olvidó ______(9)______ en el semáforo, que estaba amarillo, estuve cerca de tener un ______(10)______. Sin saberlo, ______(11)______ en la autopista *(highway)*. La ______(12)______ era de 70 millas *(miles)* por hora, pero yo estaba tan nervioso que iba mucho más ______(13)______, a 10 millas por hora. Vi un carro de la ______(14)______ y tuve miedo. Por eso volví a casa y ______(15)______ el carro en la calle. ¡Qué aventura!

Nombre ______________________ Fecha ______________________

Workbook

GRAMÁTICA

11.1 The preterite and the imperfect

1 **¿Pretérito o imperfecto?** Complete the sentences correctly with imperfect or preterite forms of the verbs in parentheses.

1. Claudia ______________________ (escribir) un mensaje por Internet cuando la llamó Miguel.
2. El conductor estacionaba su auto cuando ______________________ (chocar) conmigo.
3. Mariela cruzaba la calle cuando el semáforo ______________________ (cambiar) a verde.
4. (Yo) ______________________ (estar) mirando la televisión cuando llegaron mis hermanos.
5. Mientras el mecánico ______________________ (revisar) el aceite, yo entré a comprar una soda.
6. Tú ______________________ (quedarse) en el auto mientras Rolando llenaba el tanque.
7. Cuando Sandra llegó al café, Luis ______________________ (leer) el periódico.
8. Antes el auto no ______________________ (funcionar), pero ayer el mecánico lo arregló.

2 **Antes y ayer** Complete each pair of sentences by using the imperfect and preterite forms of the verbs in parentheses.

(bailar)

1. Cuando era pequeña, Sara ______________________ ballet todos los lunes y miércoles.
2. Ayer Sara ______________________ ballet en el recital de la universidad.

(escribir)

3. El viernes pasado, (yo) le ______________________ un mensaje de texto a mi papá.
4. Antes (yo) le ______________________ mensajes por correo electrónico.

(ser)

5. El novio de María ______________________ guapo, inteligente y simpático.
6. El viaje de novios ______________________ una experiencia inolvidable (*unforgettable*).

(haber)

7. ______________________ una fiesta en casa de Maritere el viernes pasado.
8. Cuando llegamos a la fiesta, ______________________ mucha gente.

(ver)

9. El lunes ______________________ a mi prima Lisa en el centro comercial.
10. De niña, yo ______________________ a Lisa todos los días.

Workbook

3 **¿Qué pasaba?** Look at the drawings, then complete the sentences, using the preterite or imperfect.

1. Cuando llegué a casa anoche, las niñas ________________.

2. Cuando empezó a llover, Sara ________________.

3. Antes de irse de vacaciones, la señora García ________________.

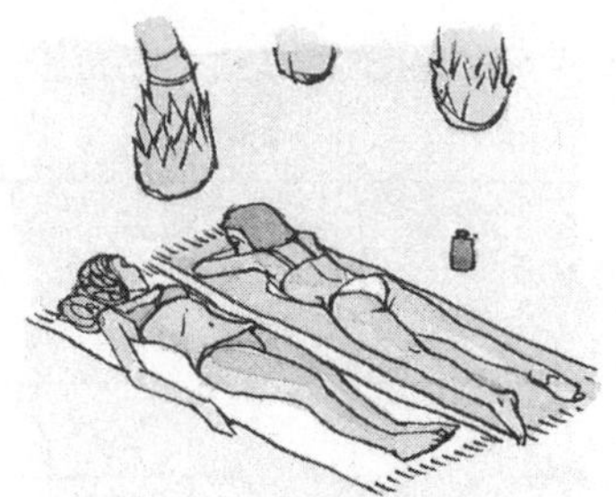

4. Cada verano, las chicas ________________.

4 **El pasado** Decide whether the verbs in parentheses should be in the preterite or the imperfect. Then rewrite the sentences.

1. Ayer Clara (ir) a casa de sus primos, (saludar) a su tía y (comer) con ellos.

____

2. Cuando Manuel (vivir) en Buenos Aires, (conducir) mucho todos los días.

____

3. Mientras Carlos (leer) las traducciones (*translations*), Blanca (traducir) otros textos.

____

4. El doctor (terminar) el examen médico y me (recetar) un antibiótico.

____

5. La niña (tener) ocho años y (ser) inteligente y alegre.

____

6. Rafael (cerrar) todos los programas, (apagar) la computadora y (irse).

____

Nombre ______________________ Fecha ______________________

5 **¡Qué diferencia!** Complete this paragraph with the preterite or the imperfect of the verbs in parentheses.

La semana pasada (yo) ________(1)________ (llegar) a la universidad y me di cuenta (*realized*) de que este año va a ser muy diferente a los anteriores. Todos los años Laura y yo ________(2)________ (vivir) con Regina, pero la semana pasada (nosotras) ________(3)________ (conocer) a nuestra nueva compañera de cuarto, Gisela. Antes Laura, Regina y yo ________(4)________ (tener) un apartamento muy pequeño, pero al llegar la semana pasada, (nosotras) ________(5)________ (ver) el apartamento nuevo: es enorme y tiene mucha luz. Antes de vivir con Gisela, Laura y yo no ________(6)________ (poder) leer el correo electrónico desde la casa, pero ayer Gisela ________(7)________ (conectar) su computadora a Internet y todas ________(8)________ (leer) nuestros mensajes. Antes (nosotras) siempre ________(9)________ (caminar) hasta la biblioteca para ver el correo, pero anoche Gisela nos ________(10)________ (decir) que podemos compartir su computadora. ¡Qué diferencia!

6 **¿Dónde estabas?** Write questions and answers with the words provided. Ask where these people were when something happened.

modelo

Elena ⟶ Ricardo / salir a bailar // cuarto / dormir la siesta

¿Dónde estaba Elena cuando Ricardo salió a bailar?

Elena estaba en el cuarto. Dormía la siesta.

1. María ⟶ (yo) / llamar por teléfono // cocina / lavar los platos

____

____

2. (tú) ⟶ Teresa y yo / ir al cine // casa / leer una revista

____

____

3. tu hermano ⟶ empezar a llover // calle / pasear en bicicleta

____

____

4. ustedes ⟶ Luisa / venir a casa // estadio / jugar al fútbol

____

____

5. Ana y Pepe ⟶ (tú) / saludarlos // supermercado / hacer las compras

____

____

Workbook

Workbook

7 **El diario de Laura** Laura has just found a page from her old diary. Rewrite the page in the past tense, using the preterite and imperfect forms of the verbs as appropriate.

Querido diario:

Estoy pasando el verano en Córdoba, y es un lugar muy divertido. Salgo con mis amigas todas las noches hasta tarde. Bailo con nuestros amigos y nos divertimos mucho. Durante la semana trabajo: doy clases de inglés. Los estudiantes son alegres y se interesan mucho por aprender. El día de Navidad conocí a un chico muy simpático que se llama Francisco. Me llamó al día siguiente (*next*) y nos vemos todos los días. Me siento enamorada de él. Creo que va a venir a Boston para estar conmigo. Tenemos que buscar trabajo allí, pero estamos muy emocionados.

Laura

8 **Pretérito e imperfecto** Rewrite the paragraph, using the preterite or imperfect forms of the verbs in parentheses as appropriate.

Ayer mi hermana y yo (ir) a la playa. Cuando llegamos, (ser) un día despejado con mucho sol, y nosotras (estar) muy contentas. A las doce (comer) unos sándwiches de almuerzo. Los sándwiches (ser) de jamón y queso. Luego (descansar) y entonces (nadar) en el mar. Mientras (nadar), (ver) a las personas que (practicar) el esquí acuático. (Parecer) muy divertido, así que (decidir) probarlo. Mi hermana (ir) primero, mientras yo la (mirar). Luego (ser) mi turno. Las dos (divertirse) mucho esa tarde.

Nombre ____________________ Fecha ____________________

11.2 Por and para

1 **Para éste o por aquello** Complete the sentences with **por** or **para** as appropriate.

1. Pudieron terminar el trabajo ____________ haber empezado (*having begun*) a tiempo.
2. Ese *fax* es ____________ enviar y recibir documentos de la compañía.
3. Elsa vivió en esa ciudad ____________ algunos meses hace diez años.
4. Mi mamá compró esta computadora portátil ____________ mi papá.
5. Sales ____________ Argentina mañana a las ocho y media.
6. Rosaura cambió la blusa blanca ____________ la blusa rosada.
7. El señor López necesita el informe ____________ el 2 de agosto.
8. Estuve estudiando toda la noche ____________ el examen.
9. Los turistas fueron de excursión ____________ las montañas.
10. Mis amigos siempre me escriben ____________ correo electrónico.

2 **Por muchas razones** Complete the sentences with the expressions in the word bank.

por aquí	por eso
por ejemplo	por fin

1. Ramón y Sara no pudieron ir a la fiesta anoche; ____________ no los viste.
2. Buscaron el vestido perfecto por mucho tiempo, y ____________ lo encontraron en esa tienda.
3. Creo que va a ser difícil encontrar un navegador GPS ____________.
4. Pídele ayuda a uno de tus amigos, ____________, a Miguel, a Carlos o a Francisco.
5. Miguel y David no saben si podemos pasar ____________ en bicicleta.
6. El reproductor de DVD no está conectado, y ____________ no funciona.

3 **Por y para** Complete the sentences with **por** or **para**.

1. Fui a comprar frutas ____________ (*instead of*) mi madre.
2. Fui a comprar frutas ____________ (*to give to*) mi madre.
3. Rita le dio dinero ____________ (*in order to buy*) la cámara digital.
4. Rita le dio dinero ____________ (*in exchange for*) la cámara digital.
5. La familia los llevó ____________ (*through*) los Andes.
6. La familia los llevó ____________ (*to*) los Andes.

Workbook

Workbook

4 **Escribir oraciones** Write sentences in the preterite, using the elements provided and **por** or **para**.

modelo

(tú) / salir en el auto / ¿? / Córdoba
Saliste en el auto para Córdoba.

1. Ricardo y Emilia / traer un pastel / ¿? / su prima
____
2. los turistas / llegar a las ruinas / ¿? / barco
____
3. (yo) / tener resfriado / ¿? / el frío
____
4. mis amigas / ganar dinero / ¿? / viajar a Suramérica
____
5. ustedes / buscar a Teresa / ¿? / toda la playa
____
6. el avión / salir a las doce / ¿? / Buenos Aires
____

5 **Para Silvia** Complete the paragraph with **por** and **para**.

Fui a la agencia de viajes porque quería ir ___(1)___ Mendoza ___(2)___ visitar a mi novia, Silvia. Entré ___(3)___ la puerta y Marta, la agente de viajes, me dijo: "¡Tengo una oferta excelente ___(4)___ ti!" Me explicó que podía viajar en avión ___(5)___ Buenos Aires ___(6)___ seiscientos dólares. Podía salir un día entre semana, ___(7)___ ejemplo, lunes o martes. Me podía quedar en una pensión en Buenos Aires ___(8)___ quince dólares ___(9)___ noche. Luego viajaría ___(10)___ tren a Mendoza ___(11)___ encontrarme con Silvia. "Debes comprar el pasaje ___(12)___ el fin de mes", me recomendó Marta. Fue la oferta perfecta ___(13)___ mí. Llegué a Mendoza y Silvia vino a la estación ___(14)___ mí. Traje unas flores ___(15)___ ella. Estuve en Mendoza ___(16)___ un mes y ___(17)___ fin Silvia y yo nos comprometimos. Estoy loco ___(18)___ ella.

11.3 Stressed possesive adjectives and pronouns

1 **Esas cosas tuyas** Fill in the blanks with the possessive adjectives as indicated.

1. Ana nos quiere mostrar unas fotos _______________ (*of hers*).
2. A Lorena le encanta la ropa _______________ (*of ours*).
3. Los turistas traen las toallas _______________ (*of theirs*).
4. El mecánico te muestra unos autos _______________ (*of his*).
5. El sitio web _______________ (*of his*) es espectacular.
6. ¿Quieres probar el programa de computación _______________ (*of ours*)?
7. Roberto prefiere usar la computadora _______________ (*of mine*).
8. Ese ratón _______________ (*of yours*) es el más moderno que existe.

2 **¿De quién es?** Complete the sentences with possessive adjectives.

1. Ésa es mi computadora. Es la computadora _______________.
2. Vamos a ver su sitio web. Vamos a ver el sitio web _______________.
3. Aquéllos son mis archivos. Son los archivos _______________.
4. Quiero usar el programa de él. Quiero usar el programa _______________.
5. Buscamos nuestra impresora. Buscamos la impresora _______________.
6. Ésos son los discos compactos de ella. Son los discos compactos _______________.
7. Tienen que arreglar tu teclado. Tienen que arreglar el teclado _______________.
8. Voy a usar el teléfono celular de ustedes. Voy a usar el teléfono celular _______________.

3 **Los suyos** Answer the questions. Follow the model.

modelo

¿Vas a llevar tu cámara de video?
Sí, voy a llevar la mía.

1. ¿Prefieres usar tu calculadora? _______________
2. ¿Quieres usar nuestro navegador GPS? _______________
3. ¿Guardaste los archivos míos? _______________
4. ¿Llenaste el tanque de su auto? _______________
5. ¿Manejó Sonia nuestro auto? _______________
6. ¿Vas a comprar mi televisor? _______________

Workbook

4 **Los pronombres posesivos** Replace the question with one using **de** to clarify the possession. Then answer the question affirmatively, using a stressed possessive adjective.

modelo

¿Es suyo el teléfono celular? (de ella)
¿Es de ella el teléfono celular? Sí, es suyo.

1. ¿Son suyas las gafas? (de usted)

2. ¿Es suyo el estéreo? (de Joaquín)

3. ¿Es suya la impresora? (de ellos)

4. ¿Son suyos esos reproductores de MP3? (de Susana)

5. ¿Es suyo el coche? (de tu mamá)

6. ¿Son suyas estas calculadoras? (de ustedes)

5 **Síntesis** Tell the story of a romantic couple you know. Use the preterite and the imperfect to tell their story. Use reciprocal reflexive forms of verbs to tell what happened between them and when. Use stressed possessive adjectives and pronouns as needed to talk about their families and their difficulties.

Nombre ________________ Fecha ________________

PREPARACIÓN

Lección 12

Workbook

1 **Los aparatos domésticos** Answer the questions with complete sentences.

modelo

Julieta quiere calentar comida rápidamente. ¿Qué tiene que usar Julieta?
Julieta tiene que usar el horno de microondas.

1. La ropa de Joaquín está sucia. ¿Qué necesita Joaquín?
____
2. Clara lavó la ropa. ¿Qué necesita Clara ahora?
____
3. Los platos de la cena están sucios. ¿Qué se necesita?
____
4. Rita quiere hacer hielo. ¿Dónde debe poner el agua?
____

2 **¿En qué habitación?** Label these items as belonging to **la cocina, la sala,** or **la alcoba**.

1. el lavaplatos ________
2. el sillón ________
3. la cama ________
4. el horno ________
5. la almohada ________
6. el refrigerador ________
7. la mesita de noche ________
8. el sofá ________

3 **¿Qué hacían?** Complete the sentences, describing the domestic activity in each drawing. Use the imperfect tense.

1. Ramón ________________

2. Rebeca ________________

3. Mi tío Juan ________________

4. Isabel ________________

Nombre _______________ Fecha _______________

Workbook

4 **Una es diferente** Fill in the blank with the word that doesn't belong in each group.

1. sala, plato, copa, vaso, taza ______________
2. cuchillo, altillo, plato, copa, tenedor ______________
3. horno, balcón, patio, jardín, garaje ______________
4. pared, estante, pintura, vecino, cuadro ______________
5. alcoba, sala, comedor, estufa, oficina ______________
6. lavadora, escalera, secadora, lavaplatos, refrigerador ______________

5 **Crucigrama** Complete the crossword puzzle.

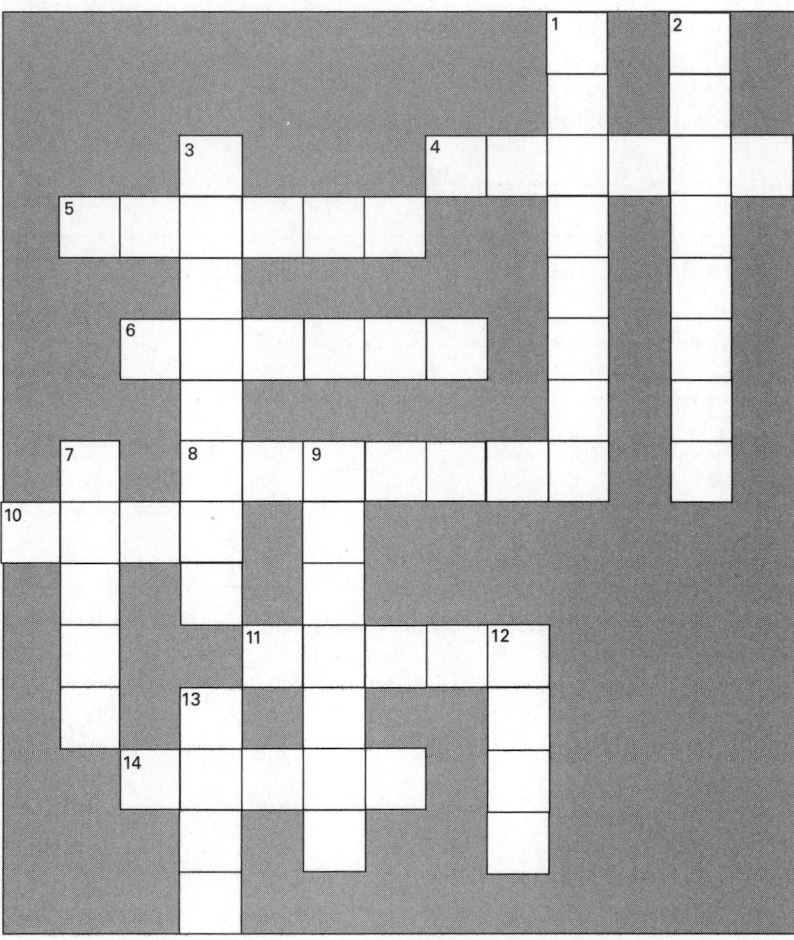

Horizontales

4. el hombre que vive al lado de tu casa
5. Julieta habló con Romeo desde su ________.
6. sillón, mesa, cama o silla
8. lo que pones cuando necesitas luz
10. lo que usas para tomar vino
11. Usas estas cosas para tomar agua o soda.
14. lo que usas cuando hace frío de noche

Verticales

1. lo que usas para ir de un piso a otro
2. Obras (*works*) de Picasso, de Goya, etc.
3. pagar dinero cada mes por vivir en un lugar
7. ________ de microondas
9. Si vas a vivir en otro lugar, vas a ________.
12. donde se pueden sentar tres o cuatros personas
13. lo que usas para tomar el café

Nombre ______________________ Fecha ______________________

GRAMÁTICA

12.1 Usted and Ustedes commands

1 **Háganlo así** Complete the commands, using the verbs in parentheses.

Usted

1. (lavar) ______________ la ropa con el nuevo detergente.
2. (salir) ______________ de su casa y disfrute del aire libre.
3. (decir) ______________ todo lo que piensa hacer hoy.
4. (beber) No ______________ demasiado en la fiesta.
5. (venir) ______________ preparado para pasarlo bien.
6. (volver) No ______________ sin probar la langosta de Maine.

Ustedes

7. (comer) No ______________ con la boca abierta.
8. (oír) ______________ música clásica en casa.
9. (poner) No ______________ los codos (*elbows*) en la mesa.
10. (traer) ______________ un regalo a la fiesta de cumpleaños.
11. (ver) ______________ programas de televisión educativos.
12. (conducir) ______________ con precaución (*caution*) por la ciudad.

2 **Por favor** Give instructions to a person cleaning a house by changing the verb phrases into formal commands.

modelo
sacudir la alfombra
Sacuda la alfombra, por favor.

1. traer la aspiradora

____

2. arreglar el coche

____

3. bajar al sótano

____

4. apagar la estufa

____

5. venir a la casa

____

Nombre ______________________ Fecha ______________________

Workbook

3 **Para emergencias** Rewrite the paragraph, replacing **debe** + *verb* with formal commands.

Querido huésped:
Debe leer estas instrucciones para casos de emergencia. En caso de emergencia, debe tocar la puerta antes de abrirla. Si la puerta no está caliente, debe salir de la habitación con cuidado (*carefully*). Al salir, debe doblar a la derecha por el pasillo y debe bajar por la escalera de emergencia. Debe mantener la calma y debe caminar lentamente. No debe usar el ascensor durante una emergencia. Debe dejar su equipaje en la habitación en caso de emergencia. Al llegar a la planta baja, debe salir al patio o a la calle. Luego debe pedir ayuda a un empleado del hotel.

Querido huésped:

____

____

____

____

____

____

____

____

____

____

4 **Lo opuesto** Change each command to say the opposite.

modelo
Recéteselo a mi hija.
No se lo recete a mi hija.

1. Siéntense en la cama. ______________________
2. No lo limpie ahora. ______________________
3. Lávenmelas mañana. ______________________
4. No nos los sirva. ______________________
5. Sacúdalas antes de ponerlas. ______________________
6. No se las busquen. ______________________
7. Despiértenlo a las ocho. ______________________
8. Cámbiesela por otra. ______________________
9. Pídanselos a Martín. ______________________
10. No se lo digan hoy. ______________________

12.2 The present subjunctive

1 **Oraciones** Complete the sentences with the present subjunctive of the verb in parentheses.

1. Es bueno que ustedes ______________ (comer) frutas, verduras y pescado.
2. Es importante que Laura y yo ______________ (estudiar) para el examen de física.
3. Es urgente que el doctor te ______________ (mirar) la rodilla y la pierna.
4. Es malo que los niños no ______________ (leer) mucho de pequeños (*when they are little*).
5. Es mejor que (tú) les ______________ (escribir) una carta antes de llamarlos.
6. Es necesario que (yo) ______________ (pasar) por la casa de Mario por la mañana.

2 **El verbo correcto** Complete the sentences with the present subjunctive of the verbs provided.

almorzar	hacer	poner	traducir	venir
conducir	ofrecer	sacar	traer	ver

1. Es necesario que (yo) ______________ a casa temprano para ayudar a mi mamá.
2. Es bueno que (la universidad) ______________ muchos cursos por semestre.
3. Es malo que (ellos) ______________ justo antes de ir a nadar a la piscina.
4. Es urgente que (Lara) ______________ estos documentos legales.
5. Es mejor que (tú) ______________ más lento para evitar (*avoid*) accidentes.
6. Es importante que (ella) no ______________ la pintura en la mesa.
7. Es bueno que (tú) ______________ las fotos para verlas en la fiesta.
8. Es necesario que (él) ______________ la casa antes de comprarla.
9. Es malo que (nosotros) no ______________ la basura todas las noches.
10. Es importante que (ustedes) ______________ los quehaceres domésticos.

3 **El subjuntivo en las oraciones** Rewrite these sentences using the present subjunctive of the verbs in parentheses.

1. Mi padre dice que es importante que yo (estar) contenta con mi trabajo.

____

2. Rosario cree que es bueno que la gente (irse) de vacaciones más a menudo.

____

3. Creo que es mejor que Elsa (ser) la encargada del proyecto.

____

4. Es importante que les (dar) las gracias por el favor que te hicieron.

____

5. Él piensa que es malo que muchos estudiantes no (saber) otras lenguas.

____

6. El director dice que es necesario que (haber) una reunión de la facultad.

____

4 **Es necesario** Write sentences using the elements provided and the present subjunctive of the verbs.

modelo
malo / Roberto / no poder / irse de vacaciones
Es malo que Roberto no pueda irse de vacaciones.

1. importante / Nora / pensar / las cosas antes de tomar la decisión

____

2. necesario / (tú) / entender / la situación de esas personas

____

3. bueno / Clara / sentirse / cómoda en el apartamento nuevo

____

4. urgente / mi madre / mostrarme / los papeles que llegaron

____

5. mejor / David / dormir / antes de conducir la motocicleta

____

6. malo / los niños / pedirles / tantos regalos a sus abuelos

____

5 **Sí, es bueno** Answer the questions using the words in parentheses and the present subjunctive.

modelo
¿Tiene Marcia que terminar ese trabajo hoy? (urgente)
Sí, es urgente que Marcia termine ese trabajo hoy.

1. ¿Debemos traer el pasaporte al aeropuerto? (necesario)

____

2. ¿Tienes que hablar con la dueña del apartamento? (urgente)

____

3. ¿Debe Manuel ir a visitar a su abuela todas las semanas? (bueno)

____

4. ¿Puede Ana llamar a Cristina para darle las gracias? (importante)

____

5. ¿Va Clara a saber lo que le van a preguntar en el examen? (mejor)

____

Workbook

12.3 Subjunctive with verbs of will and influence

1 **Preferencias** Complete the sentences with the present subjuntive of the verbs in parentheses.

1. Rosa quiere que tú ______ (escoger) el sofá para la sala.
2. La mamá de Susana prefiere que ella ______ (estudiar) medicina.
3. Miranda insiste en que Luisa ______ (ser) la candidata a vicepresidenta.
4. Rita y yo deseamos que nuestros padres ______ (viajar) a Panamá.
5. A Eduardo no le importa que nosotros ______ (salir) esta noche.
6. La agente de viajes nos recomienda que ______ (quedarnos) en ese hotel.

2 **Compra una casa** Read the following suggestions for buying a house. Then write a note to a friend, repeating the advice and using the present subjunctive of the verbs.

Antes de comprar una casa:

- Se aconseja tener un agente inmobiliario (*real estate*).
- Se sugiere buscar una casa en un barrio seguro (*safe*).
- Se insiste en mirar los baños, la cocina y el sótano.
- Se recomienda comparar precios de varias casas antes de decidir.
- Se aconseja hablar con los vecinos del barrio.

Te aconsejo que tengas un agente inmobiliario. ______

______

______

______

______

______

______

______

3 **Los pronombres** Write sentences using the elements provided and the present subjunctive. Replace the indirect objects with indirect object pronouns.

modelo

(a ti) / Simón / sugerir / terminar la tarea luego

Simón te sugiere que termines la tarea luego.

1. (a Daniela) / José / rogar / escribir esa carta de recomendación

______

2. (a ustedes) / (yo) / aconsejar / vivir en las afueras de la ciudad

______

3. (a ellos) / la directora / prohibir / estacionar su carro frente a la escuela

______

4. (a mí) / (tú) / sugerir / alquilar un apartamento en el barrio

______

4 **¿Subjuntivo o infinitivo?** Write sentences using the elements provided. Use the subjunctive of the verbs when required.

1. Marina / querer / yo / traer / la compra a casa
2. Sonia y yo / preferir / buscar / la información en Internet
3. el profesor / desear / nosotros / usar / el diccionario
4. ustedes / necesitar / escribir / una carta al consulado
5. (yo) / preferir / Manuel / ir / al apartamento por mí
6. Ramón / insistir en / buscar / las alfombras de la casa

5 **Síntesis** Imagine that you are going away for the weekend and you are letting some of your friends stay in your house. Write instructions for your houseguests asking them to take care of the house. Use formal commands, the phrases **Es bueno, Es mejor, Es importante, Es necesario,** and **Es malo,** and the verbs **aconsejar, pedir, necesitar, prohibir, recomendar, rogar**, and **sugerir** to describe how to make sure that your house is in perfect shape when you get home.

Nombre ______________________ Fecha ______________________

¡VIVAN LOS PAÍSES HISPANOS!

América Central I

1 **El mapa** Identify in the map the names of the principal cities, rivers, lakes, and mountains of Guatemala, Honduras, and El Salvador.

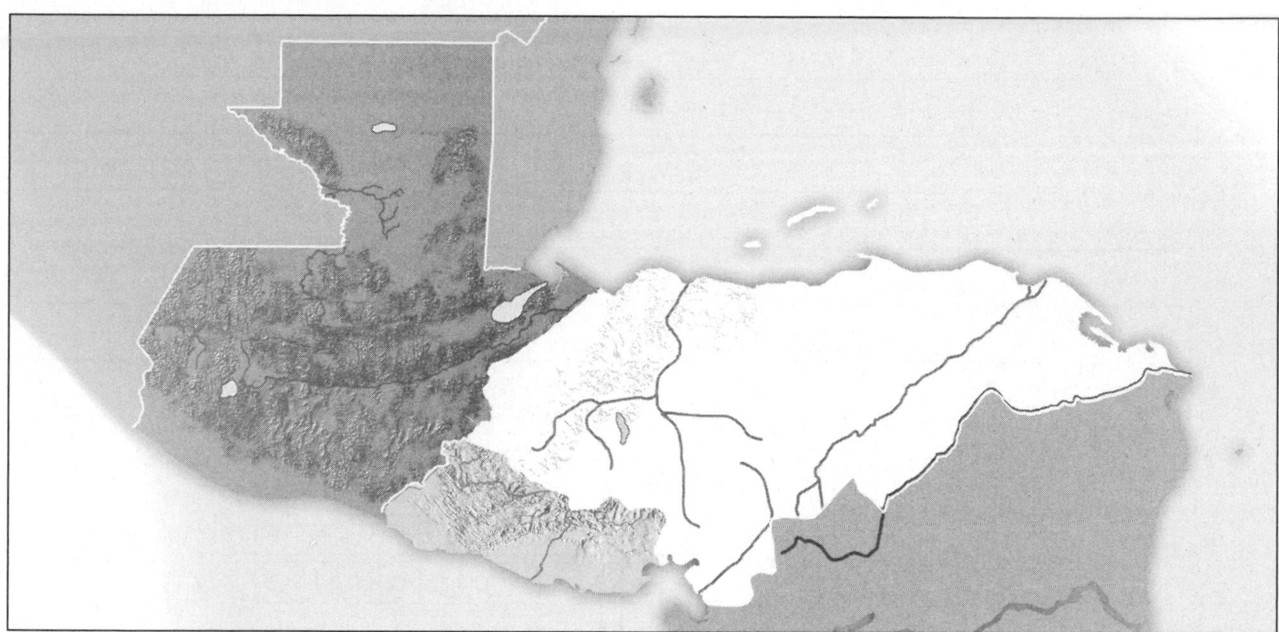

2 **Sopa de letras** Find terms about Guatemala, Honduras, or El Salvador in the grid. Circle them in the puzzle, and write the words to complete these sentences.

1. Moneda de Honduras: ______________
2. La Libertad es una ______________________ de El Salvador.
3. Ropa tradicional de los guatemaltecos: ______________________
4. Antigua Guatemala es famosa por su ____________________ colonial hermosa.
5. La capital de Honduras es ______________.
6. En el Parque Nacional Montecristo hay muchas especies de plantas y animales como las orquídeas y los ______________________ araña.

E	R	G	F	I	O	W	T
S	P	L	A	Y	A	D	E
L	O	L	E	N	R	Q	G
F	C	X	Z	B	Q	A	U
T	L	B	V	A	U	D	C
E	H	U	I	P	I	L	I
G	M	B	N	O	T	P	G
U	O	J	K	P	E	Q	A
C	N	D	L	A	C	W	L
I	O	K	L	R	T	X	P
L	S	E	H	T	U	F	A
L	E	M	P	I	R	A	A
R	A	P	O	N	A	M	R

3 **Palabras cruzadas** (*crossed*) Write a description of each of the words that are formed horizontally. Then, write a sentence describing the word that is formed vertically in bold.

1. ____________________
2. ____________________
3. ____________________
4. ____________________
5. ____________________
6. ____________________
7. ____________________
8. ____________________
9. ____________________
10. ____________________
11. ____________________

____________________.

1. **M**ontecristo
2. **a**stronomía
3. quet**z**al
4. m**a**yas
5. **t**erremoto
6. guat**e**maltecos
7. Ho**n**duras
8. Rosalill**a**
9. Sema**n**a Santa
10. El Pro**g**reso
11. Trifini**o**

4 **Las fotos** Label the photos. Specify the location.

1. ____________ 2. ____________ 3. ____________

Nombre ______________________ Fecha ______________________

REPASO

Lecciones 9–12

Workbook

1 **¿Cuánto tiempo hace?** Complete the answers with **por** or **para**. Then write questions that correspond to the answers.

1. ______________________

   Hace cuatro años que trabajo ______________ mi padre en la tienda.

2. ______________________

   Pasamos ______________ la casa de Javier y Olga hace dos horas.

3. ______________________

   Hace tres meses que compré una blusa ______________ mi hermana.

4. ______________________

   Hace dos años que Ana estudia italiano ______________ correspondencia (*mail*).

2 **¿Pretérito o imperfecto?** Complete the sentences with the preterite or imperfect of the verbs in parentheses as appropriate.

1. Todos los años Mariana ______________ (viajar) a San Francisco con sus padres.
2. El año pasado, ella ______________ (enfermarse) durante el viaje.
3. Sus padres no ______________ (saber) qué hacer. Entonces se detuvieron en un hospital público para ver qué enfermedad ______________ (tener) ella.
4. Ese día, el doctor ______________ (estar) almorzando cuando ellos ______________ (llegar) a la sala de emergencias.
5. "Es apenas un resfriado", ______________ (decir) el médico mientras la enfermera ______________ (ir) por la medicina para Mariana.

3 **Hágalo ahora** Write sentences using the words provided. Use formal commands and the subjects indicated.

1. (ustedes) / ayudarlos a traer las compras ______________________
2. (usted) / poner la mesa ______________________
3. (ustedes) / sacudir las mantas ______________________
4. (usted) / limpiar la cocina y el baño ______________________
5. (ustedes) / barrer la sala ______________________
6. (usted) / no ensuciar los sillones ______________________

4 **El subjuntivo** Rewrite the sentences using the words in parentheses. Use the subjunctive of the verbs.

modelo
Ellos tienen muchos problemas. (ser malo)
Es malo que ellos tengan muchos problemas.

1. Toma la medicina para sus alergias. (ser necesario / María) ______________________
2. Las mujeres ven al doctor todos los años. (ser importante) ______________________
3. Los pacientes hacen ejercicio. (la enfermera / sugerir) ______________________
4. El paciente entra al consultorio. (el doctor / esperar) ______________________

5 **¿Qué o cuál?** Complete these sentences with **qué**, **cuál**, or **cuáles**.

1. ¿______________ es tu celebración favorita?
2. ¿______________ le vas a regalar a Patricia para su cumpleaños?
3. Para la fiesta de año nuevo, ¿______________ vestido debo llevar: el blanco o el rojo?
4. Mañana hay dos fiestas. ¿A ______________ vas a ir?
5. ¿______________ sorpresa le tienen preparada a Martín para su graduación?
6. ¿______________ tipo de pastel tuvieron en la boda?
7. ¿______________ son nuestros asientos en la fiesta de fin de año?
8. ¿______________ quieres hacer para tu despedida de soltera (*bachelorette party*)?

6 **La vida de ayer y de hoy** Describe what people's lives were like in the early 1800s and what they are like now. Mention the things that people used to do and the things they do now (you may want to use adverbs like **siempre, nunca,** and **a veces**). Then mention the things that people should do to ensure quality of life in the future (you may want to use phrases like **es importante que**... and **es necesario que**...).

Nombre ______________________ Fecha ______________________

PREPARACIÓN

Lección 13

Workbook

1 **La naturaleza** Complete the sentences with the appropriate nature-related words.

1. La luna, las estrellas, el sol y las nubes están en el ______________________.
2. El ______________________ es un lugar donde no llueve y hace mucho calor.
3. Una montaña que tiene un cráter es un ______________________.
4. La región llana (*flat*) que hay entre dos montañas es un ______________________.
5. La ______________________ es un bosque tropical, lo que significa que está cerca del ecuador.
6. Para ir de excursión por las montañas, es importante seguir un ______________________.

2 **Problema y solución** Match each problem with its solution. Then write a sentence with each pair, saying how we can solve the problem.

Problemas	**Soluciones**
1. la deforestación de los bosques	controlar las emisiones de los coches
2. la erosión de las montañas	plantar árboles y plantas
3. la falta (*lack*) de recursos naturales	reciclar los envases y las latas
4. la contaminación del aire en las ciudades	prohibir que se corten (*cut*) los árboles en algunas regiones

modelo

la extinción de plantas y animales / proteger las especies en peligro

Para resolver el problema de la extinción de plantas y animales, tenemos que proteger las especies en peligro.

1. ______________________
2. ______________________
3. ______________________
4. ______________________

3 **Sinónimos y antónimos** Fill in the blanks with the correct verbs from the word bank.

contaminar	dejar de	mejorar
conservar	evitar	reducir

1. gastar ≠ ______________________
2. permitir ≠ ______________________
3. hacerse mejor = ______________________
4. usar más ≠ ______________________
5. continuar ≠ ______________________
6. limpiar ≠ ______________________

Workbook

4 **Nuestra madre** Fill in the blanks with the correct terms. Then, read the word formed vertically to complete the final sentence.

1. El lugar donde vivimos es nuestro medio ______.
2. Un bosque tiene muchos tipos de árboles y ______.
3. Un volcán tiene un ______ en la parte de arriba.
4. Cuando el cielo está despejado, no hay ni una ______.
5. Las ______ son rocas (*rocks*) más pequeñas.
6. Un ______ es un animal que vuela (*flies*).
7. La ______ es el estudio de los animales y plantas en su medio ambiente.
8. Por la noche se ven las ______.
9. El salmón es un tipo de ______.
10. El satélite que se ve desde la Tierra es la ______.

Todas estas cosas forman parte de la ______.

5 **Carta al editor** Complete the letter to the editor with items from the word bank.

árboles	deforestación	mejorar	reducir
conservar	dejar de	población	resolver
contaminación	evitar	recurso natural	respiramos

Creo que la ______ (1) del aire en nuestra ciudad es un problema que se tiene que ______ (2) muy pronto. Cada día hay más carros que contaminan el aire que nosotros ______ (3). Además, la ______ (4) en las regiones cerca de la ciudad elimina una gran parte del oxígeno que los ______ (5) le proveían (*provided*) a la ______ (6) de la ciudad. Creo que es importante ______ (7) las condiciones de las calles para que las personas puedan montar en bicicleta para ir al trabajo. Así, todos pueden ______ (8) el petróleo, que es un ______ (9) que no va a durar (*last*) para siempre. Que el uso de bicicletas en la ciudad es una de las mejores ideas para ______ (10) el uso de los carros. Debemos ______ (11) pensar que el carro es un objeto absolutamente necesario, y buscar otras maneras de transportarnos. Quizás algún día podamos ______ (12) los problemas que nos causa la contaminación.

Nombre ______________________ Fecha ______________________

Workbook

GRAMÁTICA

13.1 The subjunctive with verbs of emotion

1 **Emociones** Complete the sentences with the subjunctive of the verbs in parentheses.

1. A mis padres les molesta que los vecinos (quitar) ______________ los árboles.
2. Julio se alegra de que (haber) ______________ muchos pájaros en el jardín de su casa.
3. Siento que Teresa y Lola (estar) ______________ enfermas con la gripe.
4. Liliana tiene miedo de que sus padres (decidir) ______________ mudarse a otra ciudad.
5. A ti te sorprende que la deforestación (ser) ______________ un problema tan grande.
6. Rubén espera que el gobierno (mejorar) ______________ las leyes que protegen la naturaleza.

2 **Es así** Combine each pair of sentences, using the subjunctive.

modelo

Los gobiernos no se preocupan por el calentamiento global.
Es terrible que los gobiernos no se preocupen por el calentamiento global.

1. Muchos ríos están contaminados. Es triste.

____

2. Algunas personas evitan reciclar. Es ridículo.

____

3. Los turistas no recogen la basura (*garbage*). Es una lástima.

____

4. La gente destruye el medio ambiente. Es extraño.

____

3 **Ojalá...** Form sentences, using the elements provided. Start the sentences with **Ojalá que**.

1. los países / conservar sus recursos naturales

____

2. este sendero / llevarnos al cráter del volcán

____

3. la población / querer cambiar las leyes de deforestación

____

4. mi perro / gustarle ir de paseo por el bosque

____

5. las personas / reducir el uso de los carros en las ciudades

____

6. los científicos (*scientists*) / saber resolver el problema de la contaminación

____

Workbook

4 **Lo que sea** Change the subject of each second verb to the subject in parentheses. Then complete the new sentence with the new subject, using the subjunctive.

modelo
Pablo se alegra de ver a Ricardo. (su madre)
Pablo se alegra de que su madre vea a Ricardo.

1. Me gusta salir los fines de semana. (mi hermana)
Me gusta que ______________________________.
2. José y tú esperan salir bien en el examen. (yo)
José y tú esperan que ______________________________.
3. Es ridículo contaminar el mundo en que vivimos. (la gente)
Es ridículo que ______________________________.
4. Carla y Patricia temen separarse por el sendero. (sus amigos)
Carla y Patricia temen que ______________________________.
5. Te molesta esperar mucho al ir de compras. (tu novio)
Te molesta que ______________________________.
6. Es terrible usar más agua de la necesaria. (las personas)
Es terrible que ______________________________.
7. Es triste no saber leer. (Roberto)
Es triste que ______________________________.
8. Es una lástima encontrar animales abandonados. (los vecinos)
Es una lástima que ______________________________.

5 **Emociones** Form sentences using the elements provided and the present subjunctive.

1. Rosa / alegrarse / sus amigos / reciclar los periódicos y los envases
____
2. los turistas / sorprenderse / el país / proteger tanto los parques naturales
____
3. (nosotros) / temer / la caza / poner en peligro de extinción a muchos animales
____
4. la población / sentir / las playas de la ciudad / estar contaminadas
____
5. las personas / esperar / el gobierno / desarrollar nuevos sistemas de energía
____
6. a mi tía / gustar / mi primo / recoger y cuidar animales abandonados
____
7. mis vecinos / tener miedo / el gobierno / abrir una fábrica cerca
____

Nombre ______________________ Fecha ______________________

Workbook

13.2 The subjunctive with doubt, disbelief, and denial

1 **No es probable** Complete the sentences with the subjunctive of the verbs in parentheses.

1. No es verdad que Raúl ____________ (ser) un mal excursionista.
2. Es probable que Tito y yo ____________ (ir) a caminar en el bosque nacional.
3. Claudia no está segura de que Eduardo ____________ (saber) dónde estamos.
4. No es seguro que el trabajo nos ____________ (llegar) antes del viernes.
5. Es posible que Miguel y Antonio ____________ (venir) a visitarnos hoy.
6. No es probable que esa compañía les ____________ (pagar) bien a sus empleados.

2 **Es posible que pase** Rewrite the sentences, using the words in parentheses.

modelo

Hay mucha contaminación en las ciudades. (probable)
Es probable que haya mucha contaminación en las ciudades.

1. Hay muchos monos en las selvas de la región. (probable)
____
2. El agua de esos ríos está contaminada. (posible)
____
3. Ese sendero nos lleva al lago. (quizás)
____
4. El gobierno protege todos los peces del océano. (imposible)
____
5. La población reduce el uso de envases. (improbable)
____
6. El desierto es un lugar mejor para visitar en invierno. (tal vez)
____

3 **¿Estás seguro?** Complete the sentences with the indicative or subjunctive form of the verbs in parentheses.

1. No dudo que Manuel ____________ (ser) la mejor persona para hacer el trabajo.
2. El conductor no niega que ____________ (tener) poca experiencia por estas calles.
3. Ricardo duda que Mirella ____________ (decir) siempre toda la verdad.
4. Sé que es verdad que nosotros ____________ (deber) cuidar el medio ambiente.
5. Lina no está segura de que sus amigos ____________ (poder) venir a la fiesta.
6. Claudia y Julio niegan que tú ____________ (querer) mudarte a otro barrio.
7. No es probable que ella ____________ (buscar) un trabajo de secretaria.

Workbook

4 **¿Es o no es?** Choose the correct phrase in parentheses to rewrite each sentence, based on the verb.

1. (Estoy seguro, No estoy seguro) de que a Mónica le gusten los perros.
2. (Es verdad, No es verdad) que Ramón duerme muchas horas todos los días.
3. Rita y Rosa (niegan, no niegan) que gaste mucho cuando voy de compras.
4. (No cabe duda de, Dudas) que el aire que respiramos está contaminado.
5. (No es cierto, Es obvio) que a Martín y a Viviana les encanta viajar.
6. (Es probable, No hay duda de) que tengamos que reciclar todos los envases.

5 **Oraciones nuevas** Rewrite the sentences, using the words in parentheses. Use the indicative or subjunctive form as appropriate.

1. Las matemáticas son muy difíciles. (no es cierto)
2. El problema de la contaminación es bastante complicado. (el presidente no niega)
3. Él va a terminar el trabajo a tiempo. (Ana duda)
4. Esa película es excelente. (mis amigos están seguros)
5. El español se usa más y más cada día. (no cabe duda)
6. Lourdes y yo podemos ir a ayudarte esta tarde. (no es seguro)
7. Marcos escribe muy bien en francés. (el maestro no cree)
8. Pedro y Virginia nunca comen carne. (no es verdad)

Nombre ______________________ Fecha ______________________

Workbook

13.3 The subjunctive with conjunctions

1 **Las conjunciones** Complete the sentences with the subjunctive form of the verbs in parentheses.

1. Lucas debe terminar el trabajo antes de que su jefe (*boss*) ______________ (llegar).
2. ¿Qué tenemos que hacer en caso de que ______________ (haber) una emergencia?
3. Ellos van a pintar su casa con tal de que (tú) los ______________ (ayudar).
4. No puedo ir al museo a menos que Juan ______________ (venir) por mí.
5. Alejandro siempre va a casa de Carmen sin que ella lo ______________ (invitar).
6. Tu madre te va a prestar dinero para que te ______________ (comprar) un coche usado.
7. No quiero que ustedes se vayan sin que tu esposo ______________ (ver) mi computadora nueva.
8. Pilar no puede irse de vacaciones a menos que (ellos) le ______________ (dar) más días en el trabajo.
9. Andrés va a llegar antes de que Rocío y yo ______________ (leer) el correo electrónico.
10. Miguel lo va a hacer con tal que tú se lo ______________ (sugerir).

2 **¿Hasta cuándo?** Your gossipy coworker is always in everyone else's business. Answer his questions in complete sentences, using the words in parentheses.

1. ¿Hasta cuándo vas a ponerte ese abrigo? (hasta que / el jefe / decirme algo)

   ____

2. ¿Cuándo va Rubén a buscar a Marta? (tan pronto como / salir de clase)

   ____

3. ¿Cuándo se van de viaje Juan y Susana? (en cuanto / tener vacaciones)

   ____

4. ¿Cuándo van ellos a invitarnos a su casa? (después de que / nosotros / invitarlos)

   ____

5. ¿Hasta cuándo va a trabajar aquí Ramón? (hasta que / su esposa / graduarse)

   ____

6. ¿Cuándo puede mi hermana pasar por tu casa? (cuando / querer)

   ____

7. ¿Hasta cuándo vas a tomar las pastillas? (hasta que / yo / sentirme mejor)

   ____

8. ¿Cuándo va Julia a reciclar estos envases? (tan pronto como / regresar del almuerzo)

   ____

Workbook

3 **Siempre llegas tarde** Complete this conversation, using the subjunctive and the indicative as appropriate.

MARIO Hola, Lilia. Ven a buscarme en cuanto (yo) ___1___ (salir) de clase.

LILIA Voy a buscarte tan pronto como la clase ___2___ (terminar), pero no quiero esperar como ayer.

MARIO Cuando iba a salir, (yo) me ___3___ (encontrar) con mi profesora de química, y hablé con ella del examen.

LILIA No quiero esperarte hasta que ___4___ (ser) demasiado tarde para almorzar otra vez.

MARIO Hoy voy a estar esperándote en cuanto (tú) ___5___ (llegar) a buscarme.

LILIA Después de que (yo) te ___6___ (recoger), podemos ir a comer a la cafetería.

MARIO En cuanto (tú) ___7___ (entrar) en el estacionamiento, me vas a ver allí, esperándote.

LILIA No lo voy a creer hasta que (yo) lo ___8___ (ver).

MARIO Recuerda que cuando (yo) te ___9___ (ir) a buscar al laboratorio la semana pasada, te tuve que esperar media hora.

LILIA Tienes razón. ¡Pero llega allí tan pronto como (tú) ___10___ (poder)!

4 **Síntesis** Write an opinion article about oil spills (**los derrames de petróleo**) and their impact on the environment. Use verbs and expressions of emotion, doubt, disbelief, denial, and certainty that you learned in this lesson to describe your own and other people's opinions about the effects of oil spills on the environment.

____

____

____

____

____

____

____

____

____

Nombre ______ Fecha ______

PREPARACIÓN

Lección 14

1 **El dinero** Complete the sentences with the correct banking-related words.

1. Necesito sacar dinero. Voy al ______.
2. Quiero ahorrar para comprar una casa. Pongo el dinero en una ______.
3. Voy a pagar, pero no quiero pagar al contado ni con tarjeta de crédito. Voy a usar un ______.
4. Cuando uso un cheque, el dinero sale de mi ______.
5. Para cobrar un cheque a mi nombre, lo tengo que ______ por detrás.
6. Para ahorrar, pienso ______ $200 en mi cuenta de ahorros todos los meses.

2 **¿Qué clase *(kind)* de tienda es ésta?** You are running errands, and you can't find the things you need. Fill in the blanks with the names of the places that should carry these items.

1. ¿No tienen manzanas? ¿Qué clase de ______ es ésta?
2. ¿No tienen una chuleta de cerdo? ¿Qué clase de ______ es ésta?
3. ¿No tienen detergente? ¿Qué clase de ______ es ésta?
4. ¿No tienen dinero? ¿Qué clase de ______ es éste?
5. ¿No tienen diamantes (*diamonds*)? ¿Qué clase de ______ es ésta?
6. ¿No tienen estampillas? ¿Qué clase de ______ es éste?
7. ¿No tienen botas? ¿Qué clase de ______ es ésta?
8. ¿No tienen aceite vegetal? ¿Qué clase de ______ es éste?

3 **¿Cómo pagas?** Fill in the blank with the most likely form of payment for each item.

al contado	a plazos
gratis	con un préstamo

1. un refrigerador ______
2. una camisa ______
3. un coche nuevo ______
4. las servilletas en un restaurante ______
5. una computadora ______
6. un vaso de agua ______
7. una hamburguesa ______
8. una cámara digital ______
9. la universidad ______
10. unos sellos ______

Workbook

Nombre _______________ Fecha _______________

4 **Tu empresa** Fill in the blanks with the type of store each slogan would promote.

1. "Compre aquí para toda la semana y ahorre en alimentos para toda la familia". _______________
2. "Deliciosos filetes de salmón en oferta especial". _______________
3. "Recién (*Just*) salido del horno". _______________
4. "Naranjas y manzanas a dos dólares el kilo". _______________
5. "Tráiganos su ropa más fina. ¡Va a quedar como nueva!" _______________
6. "51 sabrosas variedades para el calor del verano". _______________
7. "¡Reserva el pastel de cumpleaños de tu hijo hoy!" _______________
8. "Un diamante es para siempre". _______________
9. "Salchichas, jamón y chuletas de cerdo". _______________
10. "Arréglese las uñas y péinese hoy por un precio económico". _______________

5 **Cómo llegar** Identify the final destination for each set of directions.

1. De la Plaza Sucre, camine derecho en dirección oeste por la calle Comercio. Doble a la derecha en la calle La Paz hasta la calle Escalona. Doble a la izquierda y al final de la calle va a verlo.

____

2. Del banco, camine en dirección este por la calle Escalona. Cuando llegue a la calle Sucre, doble a la derecha. Siga por dos cuadras hasta la calle Comercio. Doble a la izquierda. El lugar queda al cruzar la calle Bella Vista.

____

3. Del estacionamiento de la calle Bella Vista, camine derecho por la calle Sta. Rosalía hasta la calle Bolívar. Cruce la calle Bolívar, y a la derecha en esa cuadra la va a encontrar.

____

4. De la joyería, camine por la calle Comercio hasta la calle Bolívar. Doble a la derecha y cruce la calle Sta. Rosalía, la calle Escalona y la calle 2 de Mayo. Al norte en esa esquina la va a ver.

____

Workbook

GRAMÁTICA

14.1 The subjunctive in adjective clauses

1 **El futuro de las computadoras** Complete the paragraph with the subjunctive of the verbs in parentheses.

¿Alguna vez ha pensado en un programa de computadora que __________ (1) (escribir) las palabras que usted le __________ (2) (decir)? En nuestra compañía queremos desarrollar un programa que __________ (3) (poder) reconocer la voz (*voice*) de las personas en varias lenguas. Así, todos van a poder escribir con la computadora ¡sin tocar el teclado! Para desarrollar un programa de reconocimiento (*recognition*) del habla, primero hay que enseñarle algunas palabras que se __________ (4) (decir) con mucha frecuencia en esa lengua. Luego el programa tiene que "aprender" a reconocer cualquier (*any*) tipo de pronunciación que __________ (5) (tener) las personas que __________ (6) (usar) el programa. En el futuro, va a ser normal tener una computadora que __________ (7) (reconocer) el habla de su usuario. Es posible que hasta (*even*) algunos aparatos domésticos __________ (8) (funcionar) con la voz de su dueño.

2 **¿Esté o está?** Complete the sentences with the indicative or the subjunctive of the verbs in parentheses.

(ser)

1. Quiero comprar una falda que __________ larga y elegante.
2. A Sonia le gusta la falda que __________ verde y negra.

(haber)

3. Nunca estuvieron en el hotel que __________ en el aeropuerto.
4. No conocemos ningún hotel que __________ cerca de su casa.

(quedar)

5. Hay un banco en el edificio que __________ en la esquina.
6. Deben poner un banco en un edificio que __________ más cerca.

(tener)

7. Silvia quiere un apartamento que __________ balcón y piscina.
8. Ayer ellos vieron un apartamento que __________ tres baños.

(ir)

9. Hay muchas personas que __________ a Venezuela de vacaciones.
10. Raúl no conoce a nadie que __________ a Venezuela este verano.

Workbook

3 **No es cierto** Rewrite the sentences to make them negative, using the subjuntive where appropriate.

1. Ricardo conoce a un chico que estudia medicina.
______
2. Laura y Diego cuidan a un perro que protege su casa.
______
3. Maribel y Lina tienen un pariente que escribe poemas.
______
4. Los González usan coches que son baratos.
______
5. Mi prima trabaja con unas personas que conocen a su padre.
______
6. Gregorio hace un plato venezolano que es delicioso.
______

4 **¿Hay alguno que sea así?** Answer these questions positively or negatively, as indicated. Use the subjunctive where appropriate.

1. ¿Hay algún buzón que esté en la calle Bolívar?
   Sí, ______.
2. ¿Conoces a alguien que sea abogado de inmigración?
   No, ______.
3. ¿Ves a alguien aquí que estudie contigo en la universidad?
   Sí, ______.
4. ¿Hay alguna panadería que venda pan caliente (*hot*) cerca de aquí?
   No, ______.
5. ¿Tienes alguna compañera que vaya a ese gimnasio?
   Sí, ______.
6. ¿Conoces a alguien en la oficina que haga envíos a otros países?
   No, ______.

5 **Une las frases** Complete the sentences with the most logical endings from the word bank. Use the indicative or subjunctive forms of the infinitive verbs as appropriate.

abrir hasta las doce de la noche	quererlo mucho	siempre decirnos la verdad
no dar direcciones	ser cómoda y barata	tener muchos museos

1. Rolando tiene una novia que ______.
2. Todos buscamos amigos que ______.
3. Irene y José viven en una ciudad que ______.
4. ¿Hay una farmacia que ______?

Nombre ______________________ Fecha ______________________

Workbook

14.2 Familiar (tú) commands

1 **Haz papel** Read the instructions for making recycled paper from newspaper. Then use familiar commands to finish the e-mail in which Paco explains the process to Marisol.

hacer un molde con madera y tela (*fabric*)
romper el papel de periódico en trozos (*pieces*) pequeños
poner el papel en un envase con agua caliente
preparar la pulpa con una licuadora (*blender*)
volver a poner la pulpa en agua caliente
empezar a poner la pulpa en un molde que deje (*lets*) salir el agua
quitar el molde y dejar (*leave*) el papel sobre la mesa
poner una tela encima del papel
planchar el papel
usar el papel

A Marisol | De Paco | Asunto Cómo reciclar papel

Para reciclar papel de periódico, ______________________

____

____

____

____

____

____

¡Ya sabes cómo reciclar!
Hasta luego, Paco

2 **Díselo** Follow the instructions by writing familiar commands.

modelo
Ramón / comprarte una camiseta en Costa Rica
Ramón, cómprame una camiseta en Costa Rica.

1. David / quedarse unos días en San José
____
2. Laura / no salir muy tarde
____
3. Patricia / probar la comida típica de Costa Rica
____
4. Isabel / no olvidar comer un helado en el parque del centro
____
5. Cecilia / tener cuidado al cruzar las calles
____
6. Simón / aprender a bailar en Costa Rica
____

Workbook

3 **Planes para el verano** Rewrite this paragraph from a travel website. Substitute informal commands for the formal commands.

Este verano, descubra la ciudad de Panamá. Camine por las calles y observe la arquitectura de la ciudad. La catedral es un edificio que no puede dejar de visitar. Visite las ruinas en Panamá Viejo y compre artesanías *(crafts)* del país. Vaya a un restaurante de comida panameña y no se olvide de probar un plato popular. Conozca el malecón (*seafront*) y respire el aire puro del mar. Explore el Canal de Panamá y aprenda cómo funciona. Súbase a un autobús colorido y vea cómo vive la gente local. ¡Disfrute Panamá!

Verano en la ciudad de Panamá

4 **¿Te ayudo?** Imagine that you are a child asking one of your parents these questions. Write his or her positive or negative answers in the form of familiar commands.

modelo

¿Tengo que traer leche y pan?

Sí, trae leche y pan. / No, no traigas leche y pan.

1. ¿Puedo pedir una pizza en el restaurante?

2. ¿Debo ir a la panadería a comprar pan?

3. ¿Tengo que hacer las diligencias?

4. ¿Debo buscar a mi hermano después de la escuela?

5. ¿Tengo que venir a casa después de clase el viernes?

6. ¿Puedo cuidar al perro este fin de semana?

Workbook

14.3 Nosotros/as commands

1 **Hagamos eso** Rewrite these sentences, using the **nosotros/as** command forms of the verbs in italics.

modelo
Tenemos que *terminar* el trabajo antes de las cinco.
Terminemos el trabajo antes de las cinco.

1. Hay que *recoger* a los niños hoy.
____
2. Tenemos que *ir* al dentista esta semana.
____
3. Debemos *depositar* el dinero en el banco.
____
4. Podemos *viajar* a Perú este invierno.
____
5. Queremos *salir* a bailar este sábado.
____
6. Deseamos *invitar* a los amigos de Ana.
____

2 **¡Sí! ¡No!** You and your roommate disagree about everything. Write affirmative and negative **nosotros/as** commands for these actions.

modelo
abrir las ventanas
tú: *Abramos las ventanas.*
tu compañero/a: *No abramos las ventanas.*

1. pasar la aspiradora hoy
tú: _______________
tu compañero/a: _______________
2. poner la televisión
tú: _______________
tu compañero/a: _______________
3. compartir la comida
tú: _______________
tu compañero/a: _______________
4. hacer las camas todos los días
tú: _______________
tu compañero/a: _______________

Nombre ______________________ Fecha ______________________

3 **Como Lina** Everyone likes Lina and they want to be like her. Using **nosotros/as** commands, write sentences saying what you and your friends should do to follow her lead.

1. Lina compra zapatos italianos en el centro.
____
2. Lina conoce la historia del jazz.
____
3. Lina se va de vacaciones a las montañas.
____
4. Lina se corta el pelo en la peluquería de la calle Central.
____
5. Lina hace pasteles para los cumpleaños de sus amigas.
____
6. Lina no sale de fiesta todas las noches.
____
7. Lina corre al lado del río todas las mañanas.
____
8. Lina no gasta demasiado dinero en ropa.
____

4 **El préstamo** Claudia is thinking of everything that she and her fiancé, Ramón, should do to buy an apartment. Write what she will tell Ramón, using **nosotros/as** commands for verbs in the infinitive. The first sentence is done for you.

Podemos pedir un préstamo para comprar un apartamento. Debemos llenar este formulario cuando solicitemos el préstamo. Tenemos que ahorrar dinero todos los meses hasta que paguemos el préstamo. No debemos cobrar los cheques que nos lleguen; debemos depositarlos en la cuenta corriente. Podemos depositar el dinero que nos regalen cuando nos casemos. Le debemos pedir prestado a mi padre un libro sobre cómo comprar una vivienda. Queremos buscar un apartamento que esté cerca de nuestros trabajos. No debemos ir al trabajo mañana por la mañana; debemos ir al banco a hablar con un empleado.

Pidamos un préstamo para comprar un apartamento. ______________________

____

____

____

____

____

____

____

Nombre ____________ Fecha ____________

¡VIVAN LOS PAÍSES HISPANOS!

América Central II

1 **El mapa** Write three features of each country in the blanks provided.

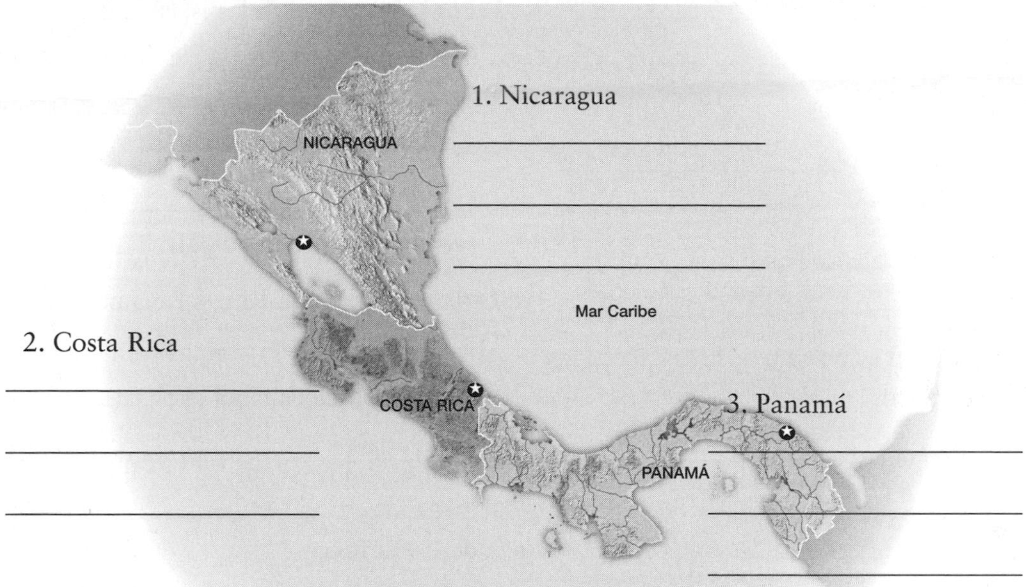

2 **Palabras desordenadas** Unscramble the words about places in Nicaragua, Costa Rica, or Panamá, using the clues.

1. STARPNANEU ____________ (ciudad de Costa Rica)
2. VZNEANRTEÓ ____________ (río en Costa Rica que está cerca de San José)
3. EATAPARZ ____________ (isla en el lago de Nicaragua)
4. ASARTBÁA ____________ (serranía en Panamá)
5. ARANADG ____________ (ciudad de Nicaragua)
6. ONLCAITÁT ____________ (uno de los océanos que conecta el Canal de Panamá)
7. AGAMUNA ____________ (capital de Nicaragua)
8. AUSCTNEAGA ____________ (cordillera que está en Costa Rica)

3 **Las fotos** Write a complete sentence about each photo. Identify each person and their country of origin.

1. ____________

2. ____________

3. ____________

Nombre ____________________ Fecha ____________________

Workbook

4 **Palabras cruzadas** (*crossed*) Complete this crossword puzzle based on the clues provided.

Horizontales

1. En 1948 en Costa Rica se disolvió el ____________________.
2. Costa Rica es una nación ____________________.
3. ____________________ es un país con un área de 129.494 km².
4. Costa Rica abolió la ____________________ de muerte en 1970.
5. El ____________________ de Panamá se construyó en 1903.
6. Ernesto Cardenal es poeta, ____________________ y sacerdote católico.
7. La capital de Nicaragua es ____________________.
8. Ernesto Cardenal cree en el poder de la ____________________.

Verticales

1. Las ____________________ tradicionales tienen dibujos geométricos.
2. Los kunas viven en las islas ____________________ de Panamá.
3. Arias ganó el Premio ____________________ de la Paz en 1987.
4. Óscar ____________________ ha sido *(has been)* presidente de su país.
5. Nicaragua, Costa Rica y Panamá están en ____________________.
6. La moneda de Panamá es el ____________________.
7. La isla de ____________________ es de Panamá.
8. ____________________ es una ciudad de Costa Rica.

5 **El Canal de Panamá** Write why you think the *Canal de Panamá* is important.

El Canal de Panamá es importante porque... ____________________

____

____

____

____

PREPARACIÓN

Lección 15

1 **Lo opuesto** Fill in the blanks with the terms that mean the opposite of the descriptions.

1. sedentario _______________
2. con cafeína _______________
3. fuerte _______________
4. adelgazar _______________
5. comer en exceso _______________
6. con estrés _______________
7. con _______________
8. fuera (*out*) de forma _______________

2 **Vida sana** Complete the sentences with the correct terms.

1. Antes de correr, es importante hacer ejercicios de _______________ para calentarse.
2. Para dormir bien por las noches, es importante tomar bebidas _______________.
3. Para desarrollar músculos fuertes, es necesario _______________.
4. Una persona que es muy sedentaria y ve mucha televisión es un _______________.
5. _______________ es bueno porque reduce la temperatura del cuerpo.
6. Para aliviar el estrés, es bueno hacer las cosas tranquilamente y sin _______________.
7. Cuando tienes los músculos tensos, lo mejor es que te den un _______________.
8. Las personas que dependen de las drogas son _______________.

3 **Completar** Look at the drawings. Complete the sentences with the correct forms of the verbs from the word bank.

(no) apurarse	(no) hacer ejercicios de estiramiento
(no) consumir bebidas alcohólicas	(no) llevar una vida sana

1. Isabel debió _______________.

2. Mi prima prefiere _______________.

3. A Roberto no le gusta _______________.

4. Ana va a llegar tarde y tiene que _______________.

4 **¿Negativo o positivo?** Categorize the terms in the word bank according to whether they are good or bad for one's health.

buena nutrición	entrenarse	llevar vida sedentaria
colesterol	fumar	ser un drogadicto
comer comida sin grasa	hacer ejercicios de estiramiento	ser un teleadicto
comer en exceso	hacer gimnasia	sufrir muchas presiones
consumir mucho alcohol	levantar pesas	tomar vitaminas
dieta equilibrada	llevar vida sana	

Positivo para la salud	**Negativo para la salud**
______	______
______	______
______	______
______	______
______	______
______	______
______	______
______	______

5 **El/La instructor(a)** You are a personal trainer, and your clients' goals are listed below. Give each one a different piece of advice, using familiar commands and expressions from **Preparación**.

1. "Quiero adelgazar". ______
2. "Quiero tener músculos bien definidos". ______
3. "Quiero quemar grasa". ______
4. "Quiero respirar sin problemas". ______
5. "Quiero correr una maratón". ______
6. "Quiero engordar un poco". ______

6 **Los alimentos** Write whether these food categories are rich in **vitaminas, minerales, proteínas,** or **grasas.**

1. carnes ______
2. agua mineral ______
3. mantequilla ______
4. frutas ______
5. huevos ______
6. aceite ______
7. vegetales ______
8. cereales enriquecidos (*fortified*) ______

Nombre ______ Fecha ______

Workbook

GRAMÁTICA

15.1 Past participles used as adjectives

1 **Oraciones** Complete the sentences with the correct past participle forms of these verbs.

1. Estoy haciendo ejercicio en una bicicleta ______ (prestar).
2. Dame la botella ______ (abrir) de vitaminas.
3. La comida está ______ (hacer) con mucha grasa.
4. Lee la tabla de nutrición ______ (escribir) en los alimentos.
5. ¿Está la mesa ______ (poner) para la cena?
6. Voy a pagar el gimnasio con el dinero que tengo ______ (ahorrar).
7. Porque estoy a dieta tengo muchos dulces ______ (guardar).
8. Estoy muy contenta con mis kilos ______ (perder).
9. Todos los días hago mis ejercicios ______ (preferir).
10. Me duele mucho mi músculo ______ (torcer).

2 **Las consecuencias** Complete the sentences with **estar** and the correct past participle.

modelo

La señora Gómez cerró la farmacia.
La farmacia *está cerrada*.

1. Julia resolvió sus problemas de nutrición. Sus problemas ______.
2. Antonio preparó su bolsa del gimnasio. Su bolsa ______.
3. Le vendimos las vitaminas a José. Las vitaminas ______.
4. El doctor le prohibió comida con grasa. La comida con grasa ______.
5. El maestro habló para confirmar la clase de ejercicios. La clase de ejercicios ______.
6. Carlos y Luis se aburrieron de ir al gimnasio. Carlos y Luis ______.

3 **¿Cómo están?** Label each drawing with a complete sentence, using the nouns provided with **estar** and the past participle of the verbs.

1. pavo / servir ______

2. cuarto / desordenar ______

3. cama / hacer ______________________ 4. niñas / dormir ______________________

4 **El misterio** Complete this paragraph with the correct past participle forms of the verbs in the word bank. Use each verb only once.

abrir	desordenar	hacer	poner	romper
cubrir	escribir	morir	resolver	sorprender

El detective llegó al hotel con el número de la habitación (1) ______________ en un papel. Entró en la habitación. La cama estaba (2) ______________ y la puerta del baño estaba (3) ______________. Vio a un hombre que parecía estar (4) ______________ porque no movía ni un dedo. El hombre tenía la cara (5) ______________ con un periódico y no tenía zapatos (6) ______________. El espejo estaba (7) ______________ y el baño estaba (8) ______________. De repente, el hombre se levantó y salió corriendo sin sus zapatos. El detective se quedó muy (9) ______________ y el misterio nunca fue (10) ______________.

5 **Preguntas personales** Write short paragraphs answering these two questions. Use past participles as often as possible.

1. ¿Estás preocupado/a por estar en buena forma?

____

____

____

____

2. ¿Estás interesado/a en comer una dieta equilibrada?

____

____

____

____

Nombre ______________________ Fecha ______________________

15.2 The present perfect

1 **¿Qué han hecho?** Complete each sentence with the present perfect of the verb in parentheses.

modelo
Marcos y Felipe ________ (hacer) sus tareas de contabilidad.
Marcos y Felipe han hecho sus tareas de contabilidad.

1. Gloria y Samuel ______________________ (comer) comida francesa.
2. (Yo) ______________________ (ver) la última película de ese director.
3. Pablo y tú ______________________ (leer) novelas de García Márquez.
4. Liliana ______________________ (tomar) la clase de química.
5. (Nosotros) ______________________ (ir) a esa discoteca antes.
6. (Tú) ______________________ (escribir) un mensaje electrónico al profesor.

Workbook

2 **¿Qué han hecho esta tarde?** Write sentences that say what these people have done this afternoon. Use the present perfect.

1. Ricardo

____

2. Víctor

____

3. (tú)

____

4. (yo)

____

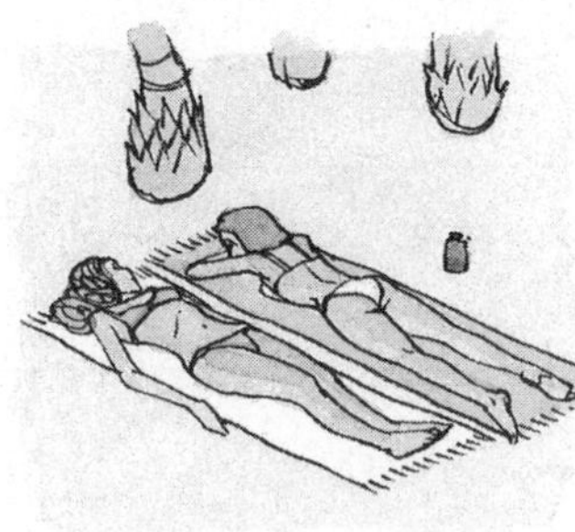

5. Claudia y yo

____

Workbook

3 **Ha sido así** Rewrite the sentences, replacing the subject with the one in parentheses.

1. Hemos conocido a varios venezolanos este año. (tú)

2. Gilberto ha viajado por todos los Estados Unidos. (yo)

3. ¿Has ido al museo de arte de Boston? (ustedes)

4. Paula y Sonia han hecho trabajos muy buenos. (Virginia)

5. He asistido a tres conferencias de ese autor. (los estudiantes)

6. Mi hermano ha puesto la mesa todos los días. (mi madre y yo)

4 **Todavía no** Rewrite the sentences to say that these things have not yet been done. Use the present perfect.

modelo
Su prima no va al gimasio.
Su prima todavía no ha ido al gimnasio.

1. Pedro y Natalia no nos dan las gracias.

2. Los estudiantes no contestan la pregunta.

3. Mi amigo Pablo no hace ejercicio.

4. Esas chicas no levantan pesas.

5. Tú no estás a dieta.

6. Rosa y yo no sufrimos muchas presiones.

Nombre ______________________ Fecha ______________________

Workbook

15.3 The past perfect

1 **Vida nueva** Complete this paragraph with the past perfect forms of the verbs in parentheses.

Antes del accidente, mi vida ________ (1) (ser) tranquila y sedentaria. Hasta ese momento, (yo) siempre ________ (2) (mirar) mucho la televisión y ________ (3) (comer) en exceso. Nada malo me ________ (4) (pasar) nunca. El día en que pasó el accidente, mis amigos y yo nos ________ (5) (encontrar) para ir a nadar en un río. (Nosotros) Nunca antes ________ (6) (ir) a ese río. Cuando llegamos, entré de cabeza al río. (Yo) No ________ (7) (ver) las rocas que estaban debajo del agua. Me di con las rocas en la cabeza. Mi hermana, que ________ (8) (ir) con nosotros al río, me sacó del agua. Todos mis amigos se ________ (9) (quedar) fuera del agua cuando vieron lo que me pasó. Entre todos me llevaron al hospital. En el hospital, los médicos me dijeron que yo ________ (10) (tener) mucha suerte. (Yo) No me ________ (11) (lastimar) la espalda demasiado, pero tuve que hacer terapia (*therapy*) física por muchos meses. (Yo) Nunca antes ________ (12) (preocuparse) por estar en buena forma, ni por ser fuerte. Ahora hago gimnasia y soy una persona activa, flexible y fuerte.

2 **Nunca antes** Rewrite the sentences to say that these people had never done these things before.

modelo

Julián se compró un coche nuevo.

Julián nunca antes se había comprado un coche nuevo.

1. Tu novia fue al gimnasio por la mañana.

____

2. Carmen corrió en la maratón de la ciudad.

____

3. Visité los países de Suramérica.

____

4. Los estudiantes escribieron trabajos de veinte páginas.

____

5. Armando y Cecilia esquiaron en los Andes.

____

6. Luis y yo tenemos un perro en casa.

____

7. Condujiste el coche de tu papá.

____

8. Ramón y tú nos prepararon la cena.

____

3 **Ya había pasado** Combine the sentences, using the preterite and the past perfect.

modelo

Elisa pone la televisión. Jorge ya se ha despertado.
Cuando Elisa puso la televisión, Jorge ya se había despertado.

1. Lourdes llama a Carla. Carla ya ha salido.

2. Tu hermano vuelve a casa. Ya has terminado de cenar.

3. Llego a la escuela. La clase ya ha empezado.

4. Ustedes nos buscan en casa. Ya hemos salido.

5. Salimos a la calle. Ya ha empezado a nevar.

6. Ellos van a las tiendas. Las tiendas ya han cerrado.

7. Lilia y Juan encuentran las llaves. Raúl ya se ha ido.

8. Preparas el almuerzo. Yo ya he comido.

4 **Tiger Woods** Write a paragraph about the things that Tiger Woods had achieved by age 21. Use the phrases from the word bank with the past perfect. Start each sentence with **Ya.** The first one has been done for you.

hacerse famoso	establecer (*set*) muchos récords importantes
empezar a jugar golf profesionalmente	ser la primera persona de origen negro o asiático en ganar un campeonato
ganar millones de dólares	estudiar en la universidad de Stanford
ser el campeón (*champion*) más joven del Masters de golf	

Cuando tenía 21 años, Tiger Woods ya había empezado a jugar golf profesionalmente.

Nombre ______________________ Fecha ______________________

PREPARACIÓN

Lección 16

Workbook

1 **El anuncio** Answer the questions about this help-wanted ad, using complete sentences.

> **EMPRESA MULTINACIONAL BUSCA:**
> • Contador • Gerente • Secretario
> Salarios varían según la experiencia. Seguro (*Insurance*) de salud, plan de jubilación 401(k), dos semanas de vacaciones.
> Enviar currículum y carta de presentación por fax o por correo para concertar (*schedule*) una entrevista con el Sr. Martínez.

1. ¿Cuántos puestos hay?

____

2. ¿Cuáles son los sueldos?

____

3. ¿Qué beneficios ofrece la empresa?

____

4. ¿Qué deben enviar los aspirantes?

____

5. ¿Quién es el señor Martínez?

____

6. ¿Dice el anuncio que hay que llenar (*fill out*) una solicitud?

____

2 **Vida profesional** Complete the paragraph with items from the word bank.

anuncio	aspirante	currículum	entrevista	éxito	profesión	renunciar
ascenso	beneficios	empresa	entrevistadora	obtener	puesto	salario

Vi el ______(1)______ en el periódico. Se necesitaban personas que hablaran español e inglés para un ______(2)______ de editor en una pequeña ______(3)______ que se encontraba en el centro de la ciudad. Preparé mi ______(4)______ con mucha atención y lo envié por *fax*. Esa tarde me llamó la ______(5)______, que se llamaba señora Pineda. Me dijo que el ______(6)______ que ofrecían no era demasiado alto, pero que los ______(7)______, como el seguro de salud y el plan de jubilación, eran excelentes. Era una buena oportunidad para ______(8)______ experiencia. Me pidió que fuera a la oficina al día siguiente para hacerme una ______(9)______. Había otro ______(10)______ en la sala de espera cuando llegué. Me puse un poco nerviosa. Ese día decidí ______(11)______ a mi trabajo anterior (*previous*) y desde entonces ejerzo (*I practice*) la ______(12)______ de editora. ¡He tenido mucho ______(13)______!

Workbook

3 **Una es diferente** Fill in the blanks with the words that don't belong in the groups.

1. ocupación, reunión, oficio, profesión, trabajo _______________
2. pintor, psicólogo, maestro, consejero _______________
3. arquitecta, diseñadora, pintora, bombera _______________
4. invertir, currículum, corredor de bolsa, negocios _______________
5. sueldo, beneficios, aumento, renunciar, ascenso _______________
6. puesto, reunión, entrevista, videoconferencia _______________

4 **Las ocupaciones** Fill in the blanks with the profession of the person who would make each statement.

1. "Decido dónde poner los elementos gráficos de las páginas de una revista".

____

2. "Ayudo a las personas a resolver sus problemas. Hablan conmigo y buscamos soluciones".

____

3. "Defiendo a mis clientes y les doy consejos legales".

____

4. "Investigo las cosas que pasan y escribo artículos sobre los eventos".

____

5. "Les doy clases a los niños en la escuela".

____

6. "Hago experimentos y publico los resultados en una revista".

____

5 **¿Quién lo usa?** Label each drawing with the profession associated with the objects.

1. _______________

2. _______________

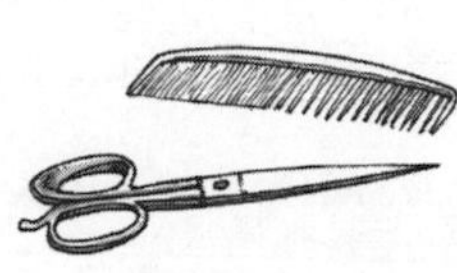

3. _______________

4. _______________

GRAMÁTICA

16.1 The future tense

1 **Preguntas** Answer the questions with the future tense and the words in parentheses.

modelo
¿Qué vas a hacer hoy? (los quehaceres)
Haré los quehaceres.

1. ¿Cuándo vamos a jugar al fútbol? (el jueves)
____
2. ¿Cuántas personas va a haber en la clase? (treinta)
____
3. ¿A qué hora vas a venir? (a las nueve)
____
4. ¿Quién va a ser el jefe de Delia? (Esteban)
____
5. ¿Dentro de cuánto va a salir Juan? (una hora)
____
6. ¿Quiénes van a estar en la fiesta? (muchos amigos)
____

2 **A los 30 años** Some friends in their late teens are talking about what they think they will be doing when they turn 30 years old. Complete the conversation with the correct form of the verbs in parentheses.

LETI Cuando tenga 30 años, ______(1)______ (ser) una arqueóloga famosa. Para entonces, ______(2)______ (haber) descubierto unas ruinas indígenas muy importantes.

SERGIO Yo ______(3)______ (tener) un programa de viajes en la televisión. Mi cámara de video y yo ______(4)______ (visitar) lugares hermosos y muy interesantes.

SUSI Entonces (tú) ______(5)______ (venir) a visitarme a mi restaurante de comida caribeña que ______(6)______ (abrir) en Santo Domingo, ¿verdad? *El Sabor Dominicano* ______(7)______ (tener) los mejores platos tradicionales y otros creados (*created*) por mí.

SERGIO Claro que sí, ______(8)______ (ir) a comer las especialidades y ______(9)______ (recomendarlo) a mis telespectadores (*viewers*). También (tú y yo) ______(10)______ (poder) visitar a Leti en sus expediciones.

LETI Sí, Susi ______(11)______ (cocinar) platos exóticos en medio de la selva y todos ______(12)______ (disfrutar) de su deliciosa comida.

3 **Será así** Rewrite each sentence to express probability. Each new sentence should start with a verb in the future tense.

modelo

Creemos que se llega por esta calle.
Se llegará por esta calle.

1. Es probable que sea la una de la tarde.
____
2. Creo que ellas están en casa.
____
3. Estamos casi seguros de que va a nevar hoy.
____
4. ¿Crees que ella tiene clase ahora?
____
5. Es probable que ellos vayan al cine luego.
____
6. Creo que estamos enfermos.
____

4 **Fin de semana entre amigos** Rosa, one of your friends, is telling you about some of the activities she has planned for this weekend. Write complete sentences to describe each image. Then keep using the future tense to write two activities that you will do this weekend.

Sábado por la mañana / nosotros

1. _______________

Después / ustedes

2. _______________

Mientras / yo

3. _______________

Por la noche / Julio, Lisa y Cata

4. _______________

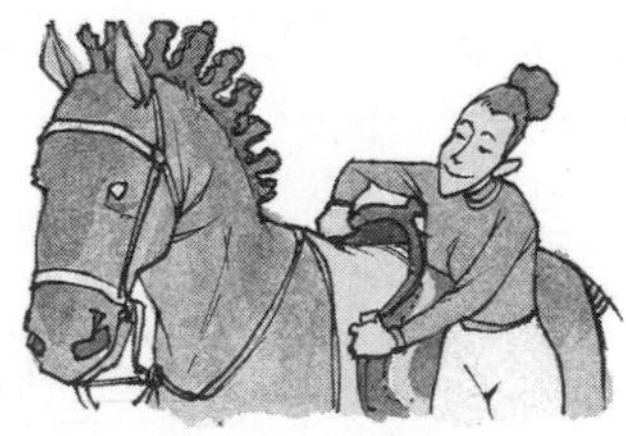

Domingo por la mañana / yo

5. _______________

Domingo por la tarde / nosotros

6. _______________

7. _______________

8. _______________

Workbook

16.2 The conditional tense

1 **¿Lo haría?** Rosa is not happy with her current job. What would happen if she looked for a new job? Complete the sentences with the conditional forms of the verbs in parentheses.

1. Rosa ______________ (buscar) trabajo en los anuncios del periódico, pero no ______________ (encontrar) nada.
2. Entonces, ella ______________ (preguntar) a un amigo.
3. Él le ______________ (aconsejar) que busque oportunidades de trabajo en Internet.
4. Rosa ______________ (solicitar) un puesto relacionado con su profesión.
5. Ella ______________ (llevar) la solicitud de trabajo a la empresa.
6. En la compañía, ella se ______________ (entrevistar) con el gerente.
7. El gerente ______________ (hablar) del puesto.
8. Rosa ______________ (preguntar) sobre el salario y sobre los beneficios.
9. Alguno de los dos no ______________ (estar) de acuerdo (*agree*).
10. Rosa ______________ (tener) que buscar trabajo en otro lugar.

2 **La entrevista** You are talking to a friend about a possible job interview. Write a paragraph explaining what you would do if you were granted an interview.

buscar información sobre la empresa	tener el currículum
saber lo que hace la compañía	hablar sobre mi carrera
llenar la solicitud de trabajo	(no) reír muy fuerte
vestirse de forma profesional	decir mi salario ideal
(no) ponerse sombrero	hacer preguntas sobre los beneficios
llegar temprano a la entrevista	(no) comer nada en la reunión
saludar al / a la entrevistador(a)	finalmente, dar las gracias al / a la entrevistador(a)

Buscaría información sobre la empresa. ______________________________

Workbook

3 **Los buenos modales** (*manners*) Rewrite these commands as polite requests, using the conditional.

modelo

Termina el trabajo hoy antes de irte.
¿Terminarías el trabajo hoy antes de irte, por favor?

1. Lleva mi currículum al entrevistador.
2. Llama a Marcos esta tarde.
3. Escucha la videoconferencia.
4. Dame un aumento de sueldo.
5. Ven a trabajar el sábado y el domingo.
6. Búscame en la oficina a las seis.

4 **¿Sería así?** Change the sentences into questions that ask what might have happened. Use the conditional tense.

modelo

Natalia recibió un aumento de sueldo. (tener éxito su proyecto)
¿Tendría éxito su proyecto?

1. Natalia se durmió en la videoconferencia de hoy. (salir a bailar anoche)
2. El jefe de Natalia le habló. (despedir su jefe a Natalia)
3. Natalia se fue a su casa. (renunciar Natalia a su puesto)
4. Natalia obtuvo un aumento de sueldo. (estar loco su jefe)

5 **Eso pensamos** Write sentences using the conditional of the verbs in parentheses.

modelo

Nosotros decidimos (ustedes / tener tiempo) para estar en la reunión.
Nosotros decidimos que ustedes tendrían tiempo para estar en la reunión.

1. Yo pensaba (mi jefe / estar enojado) porque llegué tarde a la reunión.
2. Beatriz dijo (en la reunión / presentar al nuevo empleado).
3. Marta y Esther creían (en la reunión / hablar del aumento) en los sueldos de los empleados.
4. Mi jefe dijo (el gerente / tener buenas noticias) del éxito de la compañía.

16.3 The past subjunctive

1 **Si pudiera** Complete the sentences with the past subjunctive of the verbs in parentheses.

1. El arqueólogo se alegró de que todos _______________ (hacer) tantas preguntas.
2. Mi madre siempre quiso que yo _______________ (estudiar) arquitectura.
3. Te dije que cuando _______________ (ir) a la entrevista, deberías llevar tu currículum.
4. Tal vez no fue una buena idea que nosotros le _______________ (escribir) esa carta.
5. Era una lástima que su esposo _______________ (tener) que trabajar tanto.
6. Luisa dudaba que ese empleo _______________ (ser) su mejor alternativa.
7. Era probable que Francisco _______________ (llevarse) mal con sus jefes.
8. Laura buscaba músicos que _______________ (saber) tocar el saxofón.
9. Ustedes no estaban seguros de que el reportero _______________ (conocer) al actor.
10. Fue extraño que Daniela y tú _______________ (solicitar) el mismo trabajo.

2 **Sería más feliz** Álex is talking to himself about the things that would make him happier. Complete his statements with the past subjunctive form of the verbs in parentheses. Then draw a portrait of yourself and write five sentences describing things that would make you happier. Try to use as many singular and plural forms as you can.

Álex

Sería (*I would be*) más feliz si...

1. (yo) _______________ (ver) a Maite todos los días cuando regresemos a Quito.
2. mis papás _______________ (venir) a Ecuador a visitarme.
3. Maite _______________ (querer) hacer un viaje conmigo.
4. (yo) _______________ (tener) una computadora más moderna.
5. mis nuevos amigos y yo _______________ (viajar) juntos otra vez.

Sería más feliz si...

6. _______________
7. _______________
8. _______________
9. _______________
10. _______________

Workbook

3 **Lo contrario** Complete the second sentences to say the opposite of the first ones.

modelo

Nadie dudaba que el candidato era muy bueno.
Nadie estaba seguro de que el candidato fuera muy bueno.

1. Nadie dudaba de que el ascenso de Miguel fue justo (*fair*).

No estabas seguro de que ______________________________.

2. Era obvio que todos los participantes sabían usar las computadoras.

No fue cierto que ______________________________.

3. Raquel estaba segura de que las reuniones no servían para nada.

Pablo dudaba que ______________________________.

4. Fue cierto que Rosa tuvo que ahorrar mucho dinero para invertirlo.

No fue verdad que ______________________________.

5. No hubo duda de que la videoconferencia fue un desastre (*disaster*).

Tito negó que ______________________________.

6. No negamos que los maestros recibieron salarios bajos.

La directora negó que ______________________________.

4 **El trabajo** Complete the paragraph with the past subjunctive, the preterite, or the imperfect of the verbs in parentheses as appropriate.

MARISOL ¡Hola, Pepe! Me alegré de que (tú) ______ (1) (conseguir) el trabajo de arquitecto.

PEPE Sí, aunque fue una lástima que (yo) ______ (2) (tener) que renunciar a mi puesto anterior.

MARISOL No dudaba de que ______ (3) (ser) una buena decisión cuando lo supe.

PEPE No estaba seguro de que este puesto ______ (4) (ser) lo que quería, pero está muy bien.

MARISOL Estoy segura de que (tú) ______ (5) (hacer) muy bien la entrevista.

PEPE Me puse un poco nervioso, sin que eso ______ (6) (afectar) mis respuestas.

MARISOL Sé que ellos necesitaban a alguien que ______ (7) (tener) tu experiencia.

PEPE Era cierto que ellos ______ (8) (necesitar) a muchas personas para la oficina nueva.

Nombre ______________________________ Fecha ______________________________

¡VIVAN LOS PAÍSES HISPANOS!

España

1 **El mapa de España** Fill in the blanks with the name of the city or geographical feature.

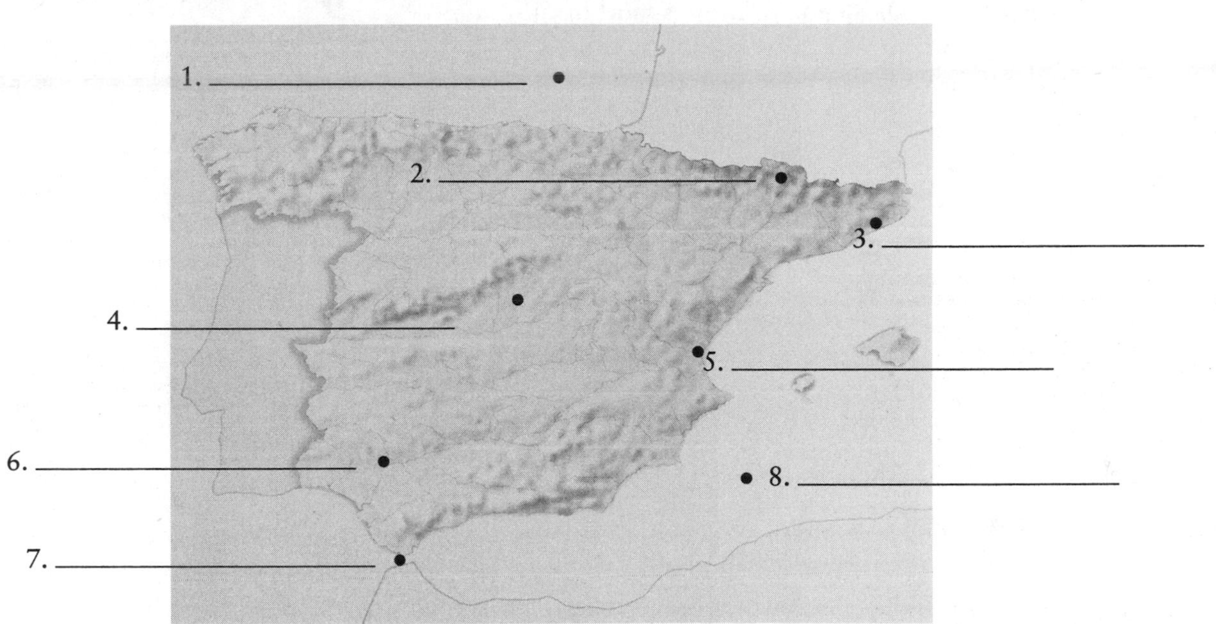

2 **Lugares** Write the words to complete these sentences about Spanish places. Then circle them on the grid (horizontally, diagonally, and vertically).

1. En ______________ está el país de España.
2. ______________ tiene un área de 504.750 km^2.
3. ______________, ______________, ______________ y ______________ son ciudades importantes de España.
4. En Valencia hay un pequeño pueblo llamado ______________ .
5. En España se encuentran las islas ______________ y ______________ .
6. El Museo del Prado está en ______________ .

A	M	T	K	I	P	M	Y	T	B	U	Ñ	O	L	O
D	B	A	L	E	A	R	E	S	U	R	A	Z	I	P
E	R	G	D	P	L	R	H	B	M	V	A	A	N	N
C	A	N	A	R	I	A	S	B	R	A	G	R	U	Y
U	Z	K	C	S	I	N	B	A	L	L	I	V	E	S
Y	S	A	D	A	O	D	C	L	P	E	I	E	S	A
T	L	X	P	Ñ	I	X	Z	E	S	N	P	U	P	E
A	Z	O	G	A	R	A	Z	A	D	C	C	R	A	L
X	T	A	Z	O	L	G	A	R	A	I	V	O	Ñ	A
E	R	B	A	R	C	E	L	O	N	A	K	P	A	B
P	Ñ	E	S	P	O	Ñ	O	L	K	Ñ	H	A	Z	D

Workbook

3 **Palabras cruzadas** (*crossed*) Write one letter in each blank. Then answer the final question, using the new word that is formed.

1. Región de España donde está Buñol
2. Hay muchas cafeterías donde la gente pasa el tiempo.
3. Salamanca es famosa por su arquitectura antigua como estos edificios de estilo gótico
4. Moneda que se usa en España
5. Baile con raíces (*roots*) judías (*Jewish*), árabes y africanas
6. Islas españolas del Mar Mediterráneo
7. La profesión de Goya y el Greco
8. Capital de España
9. La obra más famosa de Diego Velázquez
10. Museo español famoso

El festival de Buñol se llama: ______________________.

4 **Las fotos** Label the object shown in each photo.

1. ______________________

2. ______________________

3. ______________________

4. ______________________

Nombre ______________________ Fecha ______________________

Workbook

REPASO Lecciones 13–16

1 **¿Subjuntivo o indicativo?** Write sentences, using the elements provided and either the subjunctive or the indicative, depending on the cues and context.

1. Jorge / esperar / su madre / conseguir un trabajo pronto
____
2. (nosotros) / no negar / trabajar más de ocho horas diarias / ser duro
____
3. ser imposible / Marisa y Rubén / ayudar con el nuevo proyecto
____
4. ustedes / alegrarse / Natalia / regresar a nuestra oficina
____
5. ser cierto / el jefe / ganar mucho dinero
____

2 **¡Que sí! ¡Que no!** Your mother and father disagree on the things that you and the family should do. Write positive and negative commands for the subjects indicated.

1. comer en casa (nosotros)
____
2. estudiar por las noches (tú)
____
3. visitar a la abuela (nosotros)
____
4. comprar un coche nuevo (tú)
____
5. limpiar la casa (nosotros)
____

3 **Las conjunciones** Use the subjunctive or the indicative of the verbs in parentheses.

1. Debes hacer gimnasia todas las semanas, a menos que (querer) ______________ engordar.
2. Gabriela nunca hace ejercicios de estiramiento cuando (ir) ______________ al gimnasio.
3. Siempre me ducho después de que (levantar) ______________ pesas.
4. A Martín y a su novia les recomiendan estar a dieta para que (llevar) ______________ una vida sana.
5. Con tal de que Susana (estar) ______________ en forma, yo pagaría por sus clases de ejercicios aeróbicos.
6. Mi hermana aumenta de peso en cuanto (dejar) ______________ de entrenar.

Nombre ______________________ Fecha ______________________

4 **Hemos dicho** Complete the dialogues with the present perfect or the past perfect as appropriate.

DARÍO Marcela, ¿ ________ (1) (ir) al supermercado últimamente?

MARCELA No, las últimas dos semanas ________ (2) (estar) muy ocupada y no ________ (3) (hacer) ninguna compra.

DARÍO ¡Nunca te ________ (4) (ver) tan ocupada en tu vida!

JOSÉ Debo ir al banco. Hace días que tengo un cheque y no lo ________ (5) (cobrar) todavía.

MIGUEL Yo nunca cobro los cheques. Hasta hoy, siempre los ________ (6) (depositar) en mi cuenta de ahorros.

JOSÉ De todas maneras es un poco tarde y probablemente el banco ________ (7) (cerrar) sus puertas. Iré a cobrar el cheque mañana.

IRMA ¡Estamos perdidas en la ciudad otra vez, Sonia! Yo nunca antes ________ (8) (estar) perdida en la ciudad.

SONIA Antes de venir aquí, yo ________ (9) (preparar) un plan de viaje… ¡para no perderme!

IRMA Cuando salimos, mi tía ya me ________ (10) (dar) unas direcciones escritas, pero las olvidé en mi escritorio. ¡Qué mala suerte!

5 **Ecología** Complete the sentences with the conditional of the verbs in parentheses.

1. Me ________ (gustar) hacer algo para evitar la contaminación del agua.
2. Si conseguimos dinero, (nosotros) ________ (poder) comenzar por reciclar los periódicos.
3. La deforestación en exceso ________ (tener) consecuencias terribles en nuestra provincia.
4. A José le ________ (interesar) estar en un grupo de protección del medio ambiente, pero primero ________ (querer) investigar un poco al respecto.
5. Mis hermanos dicen que ________ (ir) a otro país para estudiar ecología.

6 **El extranjero** Write a paragraph, keeping in mind the indicative and subjunctive tenses.

- Describe what you like and dislike about living in your town. What would you recommend to someone new to your town?
- What would your childhood have been like if you had grown up in a Spanish-speaking country?
- Finally, mention where you will live in the future and why.

Nombre ______________________ Fecha ______________________

ESCENAS

Lección 1

¡Todos a bordo!

Antes de ver el video

1 **¿Qué tal?** In this video segment, Álex, Javier, Maite, and Inés are meeting for the first time as they prepare to leave for a biking trip. Look at the video still and write down what you think Álex and Javier are saying to each other.

____
____
____
____
____
____
____
____

Mientras ves el video

2 **Completar** Watch the **¡Todos a bordo!** segment of this video module and complete the gaps in the following sentences.

1. **SRA. RAMOS** Hola, don Francisco. ¿Cómo ______________ usted?
2. **DON FRANCISCO** Bien, gracias. ¿Y ______________?
3. **SRA. RAMOS** ¿______________ hora es?
4. **DON FRANCISCO** ______________ las diez.
5. **SRA. RAMOS** Tengo ______________ documentos para ustedes.
6. **DON FRANCISCO** Y ______________ soy don Francisco, el conductor.
7. **SRA. RAMOS** Aquí tienes ______________ documentos de viaje.
8. **INÉS** Yo ______________ Inés.
9. **JAVIER** ¿Qué tal? Me ______________ Javier.
10. **ÁLEX** Mucho ______________, Javier. ______________ soy Álex.
11. **INÉS** ______________ permiso.

3 **¿De dónde son?** Watch the **Resumen** segment of this video module and indicate which country each traveler is from.

Nombre	País (*Country*)
1. Inés	______________
2. Maite	______________
3. Javier	______________
4. Álex	______________

Nombre ______________________ Fecha ______________________

Después de ver el video

4 **¿Quién?** Write the name of the person who said each line.

1. Sí, señora. ______________
2. Soy del Ecuador, de Portoviejo. ______________
3. Oye, ¿qué hora es? ______________
4. Oiga, ¿qué hora es? ______________
5. ¡Adiós a todos! ______________
6. Y tú eres Alejandro Morales Paredes, ¿no? ______________
7. Son todos. ______________
8. Mucho gusto, Javier. ______________
9. De Puerto Rico. ¿Y tú? ______________
10. ¿Javier Gómez Lozano? ______________
11. Buenos días, chicos. ______________
12. Aquí, soy yo. ______________
13. ¡Todos a bordo! ______________
14. ¿Y los otros? ______________
15. ¡Buen viaje! ______________

5 **Hola...** Imagine that you have just met the man or woman of your dreams, who speaks only Spanish! Don't be shy! In the space provided, write down what the two of you would say in your first conversation to get to know each other.

6 **En la clase** Imagine that you are in Ecuador studying Spanish. Write down how your conversation with your Spanish professor would be the first day you get to the university.

Nombre ______________________ Fecha ______________________

ESCENAS

Lección 2

¿Qué clases tomas?

Antes de ver el video

1 **Impresiones** Based on your impressions of the four travelers in Lesson 1, write the names of the classes you think each person is taking and of the classes you think each person is most interested in. Choose the character you think is the most studious, and the character you think is the most talkative.

ÁLEX: ______________________ **MAITE:** ______________________

INÉS: ______________________ **JAVIER:** ______________________

Mientras ves el video

2 **¿Quién y a quién?** Watch the **¿Qué clases tomas?** segment of this video module and indicate who asks these questions and to whom each question is directed. One question is directed to two different people.

Preguntas	¿Quién?	¿A quién?
1. ¿Qué tal las clases en la UNAM?		
2. ¿También tomas tú geografía?		
3. ¿En qué clase hay más chicos?		
4. ¿Cómo te llamas y de dónde eres?		
5. ¿No te gustan las computadoras?		

3 **En la UNAM** Watch Álex's flashback about the **Universidad Nacional Autónoma de México**. Select all the people, actions, items, and places shown in this flashback.

chicas ______
turistas ______
estudiantes ______
chicos ______
hablar ______
dibujar ______
estudiar ______
viajar ______
grabadora ______
papel ______
computadoras ______
biblioteca ______

4 **Asociar** Write down the three words or phrases from the box that you associate with each character.

¡Adiós, Mitad del Mundo!	dibujar	la UNAM
cinco clases	estudiar mucho	periodismo
de Puerto Rico	historia, computación, arte	¡Qué aventura!
del Ecuador	Hola, Ricardo...	Radio Andina

1. Álex ______ ______ ______
2. Maite ______ ______ ______
3. Inés ______ ______ ______
4. Javier ______ ______ ______

Video Manual: *Escenas*

Nombre ______________________ Fecha ______________________

Después de ver el video

5 **Corregir** The underlined elements in the following statements are incorrect. Supply the correct words in the blanks provided.

1. Javier tiene (*has*) una computadora. ______________
2. Álex toma geografía, inglés, historia, arte y sociología. ______________
3. Maite tiene un amigo en la UNAM. ______________
4. Inés es de México. ______________
5. Inés toma una clase de computación. ______________
6. Álex toma inglés, literatura y periodismo. ______________
7. Javier toma cinco clases este semestre. ______________
8. Javier es de Portoviejo. ______________

6 **Resumen** Watch the **Resumen** segment of this video module and complete the following sentences.

1. Hay ______________ personas en el grupo.
2. Hay ______________ chicos en el grupo.
3. Hay ______________ chicas en el grupo.
4. Inés toma inglés, historia, arte, sociología y ______________.
5. Maite toma inglés, literatura y ______________.
6. Los chicos son de la Universidad San Francisco de ______________.
7. Javier toma ______________ clases este semestre.
8. Javier toma historia y ______________ los lunes, miércoles y viernes.
9. Javier toma ______________ los martes y jueves.
10. Para Javier, ¡las ______________ no son interesantes!

7 **¿Y tú?** Write a brief paragraph that tells who you are, where you are from, where you study (city and name of university), and what classes you are taking this semester.

____
____
____
____
____
____
____

Video Manual: *Escenas*

Nombre ______________________ Fecha ______________________

ESCENAS

Lección 3

¿Es grande tu familia?

Antes de ver el video

1 **Examinar el título** Look at the title of the video module. Based on the title and the video still below, what do you think you will see in this episode? Use your imagination.

____

____

____

____

____

____

____

Mientras ves el video

2 **Completar** Complete each sentence from column A with a correct word from column B, according to the **¿Es grande tu familia?** segment of this video module.

A	B
1. Vicente ______________ diez años.	trabajador
2. La madre de Javier es muy ______________.	tiene
3. La ______________ de Maite se llama Margarita.	vive
4. El abuelo de Javier es muy ______________.	delgado
5. Vicente es muy ______________.	bonita
6. Graciela ______________ en Guayaquil.	tía

3 **La familia de Inés** Select each person or thing shown in Inés's flashback about her family.

____ 1. a family dinner

____ 2. the skyline of Quito

____ 3. scenes of the Ecuadorian countryside

____ 4. Inés hugging her mother

____ 5. Inés's sister-in-law, Francesca

____ 6. Inés's niece, Graciela

____ 7. Inés's nephew, Vicente

____ 8. Inés's younger brother

____ 9. Inés's older brother

____ 10. Inés's grandparents

4 **Resumen** Watch the **Resumen** segment of this video module and indicate whether each statement is **cierto** or **falso.**

	Cierto	Falso
1. La familia de Inés vive en Ecuador.	❍	❍
2. Inés tiene una familia pequeña.	❍	❍
3. Javier habla del padre de su papá.	❍	❍
4. Maite cree que el padre de Javier es muy alto.	❍	❍
5. Javier tiene una foto de sus padres.	❍	❍

Nombre ______________________ Fecha ______________________

Después de ver el video

5 **Seleccionar** Select the letter of the word or phrase that best completes each sentence.

1. Vicente es el ______________ de Pablo y de Francesca.
   a. primo b. abuelo c. padre d. sobrino
2. Los ______________ de Pablo viven en Roma.
   a. abuelos b. suegros c. hermanos d. padres
3. El ______________ de Inés es periodista.
   a. padre b. sobrino c. primo d. hermano
4. Inés tiene una ______________ que se llama Margarita.
   a. tía b. abuela c. prima d. suegra
5. ______________ de Javier es ______________.
   a. El abuelo; guapo b. La madre; trabajadora c. El padre; alto d. El hermano; simpático
6. ______________ de Javier es ______________.
   a. La abuela; trabajadora b. El hermano; alto c. El padre; trabajador d. La mamá; bonita
7. ______________ tiene ______________.
   a. Javier; calor b. Maite; frío c. Inés; sueño d. don Francisco; hambre
8. Javier dibuja a ______________.
   a. Inés b. Álex c. don Francisco d. Maite

6 **Preguntas** Answer these questions about the video episode.

1. ¿Quién tiene una familia grande?
   ____
2. ¿Tiene hermanos Javier?
   ____
3. ¿Cómo se llama la madre de Javier?
   ____
4. ¿Cuántos años tiene el sobrino de Inés?
   ____
5. ¿Cómo es el abuelo de Javier?
   ____

7 **Preguntas personales** Answer these questions about your family.

1. ¿Cuántas personas hay en tu familia? ¿Cuál es más grande (*bigger*), tu familia o la familia de Inés? ______________________________
   ____
2. ¿Tienes hermanos/as? ¿Cómo se llaman? ______________________________
   ____
3. ¿Tienes un(a) primo/a favorito/a? ¿Cómo es? ______________________________
   ____
4. ¿Cómo es tu tío/a favorito/a? ¿Dónde vive? ______________________________
   ____

Nombre ______________________ Fecha ______________________

ESCENAS

Lección 4

¡Vamos al parque!

Antes de ver el video

1 **Álex y Maite** In this video module, the travelers arrive in Otavalo and have an hour of free time before they check in at their hotel. Álex and Maite, who still don't know each other very well, decide to go to the park together and chat. What kinds of things do you think they will see in the park? What do you think they will talk about?

____

____

____

____

____

____

Mientras ves el video

2 **Completar** These sentences are taken from the **¡Vamos al parque!** segment of this video module. Watch this segment and fill in the blanks with the missing verbs.

1. ______________________ una hora libre.
2. Tenemos que ______________________ a las cabañas a las cuatro.
3. ¿Por qué no ______________________ al parque, Maite?
4. Podemos ______________________ y ______________________ el sol.

3 **El Parque del Retiro** Select all the activities you see people doing in Maite's flashback about this famous park in Madrid.

____ 1. una mujer patina
____ 2. unos jóvenes esquían
____ 3. dos chicos pasean en bicicleta
____ 4. un chico y una chica bailan
____ 5. tres señoras corren
____ 6. un hombre pasea en bicicleta
____ 7. un niño pequeño está con sus padres
____ 8. dos chicos pasean

4 **Resumen** In the **Resumen** segment of this video episode, Don Francisco reflects on the fact that he's not as young as he used to be. Fill in each blank in Column A with the correct word from Column B.

A	B
1. Los jóvenes tienen mucha ______________ .	corre
2. Inés y Javier desean ______________ por la ciudad.	pasear
3. Álex y Maite deciden ir al ______________.	tomar
4. Maite desea ______________ unas postales en el parque.	parque
5. A veces Álex ______________ por la noche.	practica
6. Álex invita a Maite a ______________ con él.	energía
7. Don Francisco no ______________ deportes.	escribir
8. Pero don Francisco sí tiene mucha energía… para leer el periódico y ______________ un café.	correr

Video Manual: *Escenas*

Después de ver el video

5 **¿De dónde es?** For items 1–11, fill in the missing letters in each word. For item 12, put the letters in the boxes in the right order to find out the nationality of the young man playing soccer in the park.

1. Álex y Maite van al p __ __ __ __ ☐.
2. A las cuatro tienen que ir a las __ __ b ☐ __ __ __.
3. ☐ __ r __ __ __ es uno de los pasatiempos favoritos de Maite.
4. Maite escribe p ☐ __ t __ __ __ __ en el parque.
5. Inés y Javier van a pasear por la __ __ ☐ d __ __.
6. Don Francisco lee el __ e __ __ __ __ __ __ __ ☐.
7. Los cuatro estudiantes tienen una hora l __ __ ☐ __.
8. Los chicos están en la ciudad de __ ☐ __ v __ __ __.
9. Álex es muy __ f __ __ __ __ ☐ __ __ __ a los deportes.
10. Cuando está en __ a __ __ ☐ __, Maite pasea mucho por el Parque del Retiro.
11. Don Francisco toma un c ☐ __ __.
12. El joven del parque es ______________________.

6 **Me gusta** Complete the chart with the activities, pastimes, or sports that you enjoy participating in. Also indicate when and where you do each activity.

Mis pasatiempos favoritos	¿Cuándo?	¿Dónde?

7 **Preguntas** Answer these questions in Spanish.

1. ¿Son aficionados/as a los deportes tus amigos/as? ¿Cuáles son sus deportes favoritos?

____

2. ¿Qué hacen tú y tus amigos/as cuando tienen tiempo libre?

____

3. ¿Qué vas a hacer esta noche? ¿Vas a estudiar? ¿Descansar? ¿Mirar televisión? ¿Ver una película? ¿Por qué? ______________________

Nombre ______________________ Fecha ______________________

ESCENAS

Lección 5

Tenemos una reservación.

Antes de ver el video

1 **¿Qué hacen?** Don Francisco and the travelers have just arrived at the **cabañas.** Based on the video still, what do you think they are they doing right now? What do you think they will do next?

____
____
____
____
____
____
____
____

Mientras ves el video

2 **¿Quién?** Watch the **Tenemos una reservación** segment of this video module and write the name of the person who says each thing.

Expresión	Nombre
1. ¿Es usted nueva aquí?	____________
2. ¡Uf! ¡Menos mal!	____________
3. Hola, chicas. ¿Qué están haciendo?	____________
4. Y todo está muy limpio y ordenado.	____________
5. Hay muchos lugares interesantes por aquí.	____________

3 **Los hoteles** Watch don Francisco's flashback about Ecuadorian hotels and then select the sentence that best sums it up.

____ 1. No hay muchos hoteles en Ecuador.
____ 2. Hay muchas cabañas bonitas en la capital de Ecuador.
____ 3. Don Francisco no va a muchos hoteles.
____ 4. Don Francisco tiene muchos hoteles impresionantes.
____ 5. Los hoteles de Ecuador son impresionantes... hay hoteles de todos tipos (*types*).

4 **Resumen** Watch the **Resumen** segment of this video module and fill in the missing words in each sentence.

1. **ÁLEX** Javier, Maite, Inés y yo estamos en nuestro ____________ en Otavalo.
2. **JAVIER** Oigan, no están nada mal las ____________, ¿verdad?
3. **INÉS** Oigan, yo estoy aburrida. ¿____________ hacer algo?
4. **MAITE** Estoy cansada y quiero ____________ un poco porque (...) voy a correr con Álex.
5. **ÁLEX** Es muy inteligente y simpática... y también muy ____________.

Video Manual: *Escenas*

Nombre ______________________ Fecha ______________________

Después de ver el video

5

¿Cierto o falso? Indicate whether each statement about this video episode is **cierto** or **falso**. Then correct each false statement.

1. Don Francisco y los viajeros llegan a la universidad.
2. Don Francisco habla con una empleada del hotel.
3. Inés y Álex están aburridos.
4. Javier desea ir a explorar la ciudad un poco más.
5. Maite desea descansar.
6. Álex y Maite van a correr a las seis.

6

Resumir In your own words, write a short summary of this video episode in Spanish. Try not to leave out any important information.

7

Preguntas Answer these questions in Spanish.

1. ¿Te gusta ir de vacaciones? ¿Por qué?
2. ¿Adónde te gusta ir de vacaciones? ¿Por qué?
3. ¿Con quién(es) vas de vacaciones?

Nombre ______________________ Fecha ______________________

ESCENAS

Lección 6

¡Qué ropa más bonita!

Antes de ver el video

1 **Describir** Look at the video still and describe what you see. Your description should answer these questions: Where is Javier? Who is Javier talking to? What is the purpose of their conversation?

____
____
____
____
____
____
____
____

Mientras ves el video

2 **Ordenar** Watch the **¡Qué ropa más bonita!** segment of this video module and indicate the order in which you heard these lines.

____ a. Le cuesta ciento cincuenta mil sucres.
____ b. Me gusta aquélla. ¿Cuánto cuesta?
____ c. La vendedora me lo vendió a muy buen precio.
____ d. ¡Qué mal gusto tienes!
____ e. Mejor vamos a tomar un café. ¡Yo invito!
____ f. Me gusta regatear con los vendedores.

3 **San Juan** Select each thing you see during Javier's flashback about shopping in San Juan.

____ 1. una vendedora
____ 2. un centro comercial
____ 3. unas camisetas
____ 4. un mercado al aire libre
____ 5. un dependiente
____ 6. una tienda de ropa para niños

4 **Resumen** Watch the **Resumen** segment of this video module and indicate whether Inés, Javier, or the **vendedor** said each sentence.

______________ 1. Bueno, para usted... ciento treinta mil.
______________ 2. (...) es muy simpático... ¡y regatea muy bien!
______________ 3. Voy a ir de excursión a las montañas y necesito un buen suéter.
______________ 4. Hoy (...) visitamos un mercado al aire libre.
______________ 5. Mmm... quiero comprarlo. Pero, señor, no soy rico.

Después de ver el video

5 **Completar** Complete the following sentences with the correct words from the word bank.

botas	impermeable	sombrero
camisa	libre	suéter
caro	montañas	talla
hermana	rosado	vestido

1. Inés y Javier van de compras a un mercado al aire ______________.
2. Inés quiere comprar algo (*something*) para su ______________ Graciela.
3. Javier compra un ______________ en el mercado.
4. Las bolsas del vendedor son típicas de las ______________.
5. Inés compra una bolsa, una ______________ y un ______________.
6. Javier usa ______________ grande.

6 **Corregir** All of these statements about this video episode are false. Rewrite them and correct the false information.

1. Javier compró un sombrero y una camisa.
____
2. Inés prefiere la camisa gris con rayas rojas.
____
3. Inés compró una blusa para su hermana.
____
4. Javier quiere comprar un traje de baño porque va a la playa.
____

7 **Preguntas** Answer these questions in Spanish.

1. ¿Te gusta ir de compras? ¿Por qué? ______________
____
2. ¿Adónde vas de compras? ¿Por qué? ______________
____
3. ¿Con quién(es) vas de compras? ¿Por qué? ______________
____
4. Imagina que estás en un centro comercial y que tienes mil dólares. ¿Qué vas a comprar? ¿Por qué?
____
____
5. Cuando compras un auto, ¿regateas con el/la vendedor(a)? ______________
____

Nombre ______________________ Fecha ______________________

ESCENAS

Lección 7

¡Jamás me levanto temprano!

Antes de ver el video

1 **La rutina diaria** In this video module, Javier and Álex chat about their morning routines. What kinds of things do you think they will mention?

____
____
____
____
____
____
____
____

Mientras ves el video

2 **¿Álex o Javier?** Watch the **¡Jamás me levanto temprano!** segment of this video module and select the appropriate column to indicate whether each activity is part of the daily routine of Álex or Javier.

Actividad	Álex	Javier
1. levantarse tarde	______	______
2. dibujar por la noche	______	______
3. despertarse a las seis	______	______
4. correr por la mañana	______	______
5. escuchar música por la noche	______	______

3 **Ordenar** Watch Álex's flashback about his daily routine and indicate in what order he does the following things.

____ a. ducharse
____ b. vestirse
____ c. levantarse temprano
____ d. despertarse a las seis
____ e. afeitarse
____ f. cepillarse los dientes

4 **Resumen** Watch the **Resumen** segment of this video module and fill in the missing words in these sentences.

1. **JAVIER** Álex no sólo es mi ______________ sino mi despertador.
2. **ÁLEX** Me gusta ______________ temprano.
3 **ÁLEX** Vuelvo, me ducho, ______________ y a las siete y media te ______________.
4. **JAVIER** Hoy ______________ a un mercado al aire libre con Inés.
5. **ÁLEX** ______________ levanto a las siete menos cuarto y ______________ por treinta minutos.

Video Manual: *Escenas*

Nombre ______________________ Fecha ______________________

Después de ver el video

5 **Preguntas** In Spanish, answer these questions about the video module.

1. ¿Qué está haciendo Álex cuando vuelve Javier del mercado?

2. ¿Le gusta a Álex el suéter que compró Javier?

3. ¿Por qué Javier no puede despertarse por la mañana?

4. ¿A qué hora va a levantarse Álex mañana?

5. ¿A qué hora sale el autobús mañana?

6. ¿Dónde está la crema de afeitar?

6 **Preguntas personales** Answer these questions in Spanish.

1. ¿A qué hora te levantas durante la semana? ¿Y los fines de semana?

2. ¿Prefieres acostarte tarde o temprano? ¿Por qué?

3. ¿Te gusta más bañarte o ducharte? ¿Por qué?

4. ¿Cuántas veces por día (*How many times a day*) te cepillas los dientes?

5. ¿Te lavas el pelo todos los días (*every day*)? ¿Por qué?

7 **Tus vacaciones** In Spanish, describe your morning routine when you are on vacation.

Video Manual: *Escenas*

Nombre ______________________ Fecha ______________________

ESCENAS

Lección 8

¿Qué tal la comida?

Antes de ver el video

1 **En un restaurante** What kinds of things do you do and say when you have lunch at a restaurant?

____

____

____

____

____

____

____

____

Mientras ves el video

2 **¿Quién?** Watch the **¿Qué tal la comida?** segment of this video module and write the name of the person who says each of the following lines.

Afirmación	Nombre
1. ¡Tengo más hambre que un elefante!	________
2. Pero si van a ir de excursión deben comer bien.	________
3. Y de tomar, les recomiendo el jugo de piña, frutilla y mora.	________
4. Hoy es el cumpleaños de Maite.	________
5. ¡Rico, rico!	________

3 **Los restaurantes de Madrid** Watch Maite's flashback about restaurants in Madrid and select the sentence that best summarizes the flashback.

____ 1. Es muy caro salir a cenar en Madrid.

____ 2. A Maite no le gustan los restaurantes de Madrid.

____ 3. Hay una gran variedad de restaurantes en Madrid.

____ 4. Los restaurantes de Madrid son muy elegantes.

4 **Resumen** Watch the **Resumen** segment of this video module and fill in the missing words in these sentences.

1. **JAVIER** ¿Qué nos ________________ usted?
2. **DON FRANCISCO** Debo ________________ más a menudo.
3. **DOÑA RITA** ¿________________ lo traigo a todos?
4. **DON FRANCISCO** Es bueno ________________ a la dueña del mejor restaurante de la ciudad.
5. **ÁLEX** Para mí las ________________ de maíz y el ceviche de ________________.

Video Manual: *Escenas*

Después de ver el video

5 **Opiniones** Write the names of the video characters who expressed the following opinions, either verbally or through body language.

__________________ 1. Don Francisco es un conductor excelente.

__________________ 2. El servicio en este restaurante es muy rápido.

__________________ 3. Nuestros pasteles son exquisitos.

__________________ 4. ¡Caldo de patas! Suena (*It sounds*) como un plato horrible.

__________________ 5. Las tortillas de maíz son muy sabrosas. Se las recomiendo.

__________________ 6. Las montañas de nuestro país son muy hermosas.

6 **Corregir** Correct these false statements about the **¿Qué tal la comida?** video episode.

1. El Cráter es un mercado al aire libre.

____

2. La señora Perales trabaja en El Cráter. Es camarera.

____

3. Maite pide las tortillas de maíz y la fuente de fritada.

____

4. Álex pide el caldo de patas y una ensalada.

____

5. De beber, todos piden té.

____

6. La señora Perales dice (*says*) que los pasteles de El Cráter son muy caros.

____

7 **Preguntas personales** Answer these questions in Spanish.

1. ¿Almuerzas en la cafetería de tu universidad? ¿Por qué sí o por qué no? __________

____

2. ¿Cuál es tu plato favorito? ¿Por qué? __________

____

3. ¿Cuál es el mejor restaurante de tu comunidad? Explica (*Explain*) tu opinión. __________

____

4. ¿Cuál es tu restaurante favorito? ¿Cuál es la especialidad de ese restaurante? __________

____

5. ¿Sales mucho a cenar con tus amigos/as? ¿Adónde van a cenar? __________

____

Nombre ______________________ Fecha ______________________

ESCENAS

Lección 9

¡Feliz cumpleaños, Maite!

Antes de ver el video

1 **Una fiesta** In this video episode, señora Perales and don Francisco surprise Maite with a birthday party. Based on this information, what kinds of things do you expect to see in this episode?

Mientras ves el video

2 **Ordenar** Watch the **¡Feliz cumpleaños, Maite!** segment of this video module and put the following events in the correct order.

____ a. Álex recuerda la quinceañera de su hermana.

____ b. Los estudiantes miran el menú.

____ c. Javier pide un pastel de chocolate.

____ d. La señora Perales trae un flan, un pastel y una botella de vino.

____ e. Los estudiantes deciden dejarle una buena propina a la señora Perales.

3 **La quinceañera** Watch Álex's flashback about his sister's **quinceañera**. Select the **Sí** column if the following actions occurred in the flashback; select the **No** column if the actions did *not* occur.

Acción	Sí	No
1. Álex canta para su hermana.		
2. Todos se sientan a cenar.		
3. Todos nadan en la piscina.		
4. Varias personas bailan.		

4 **Resumen** Watch the **Resumen** segment of this video module and indicate who says the following lines.

______________ 1. Señora Perales, mi cumpleaños es el primero de octubre...

______________ 2. Dicen que las fiestas son mejores cuando son una sorpresa.

______________ 3. ¿Hoy es tu cumpleaños, Maite?

______________ 4. Ayer te lo pregunté, ¡y no quisiste decírmelo!

Video Manual: *Escenas*

Nombre ______________________ Fecha ______________________

Después de ver el video

5 **Corregir** All of the following statements about this video episode are false. Rewrite them so that they will be correct.

1. Álex le sirve un pastel de cumpleaños a Maite.
____
2. Don Francisco le deja una buena propina a la señora Perales.
____
3. Maite cumple diecinueve años.
____
4. Don Francisco toma una copa de vino.
____
5. El cumpleaños de Javier es el quince de diciembre.
____
6. El cumpleaños de Maite es el primero de octubre.
____

6 **Eventos importantes** In Spanish, list the three events from this video episode that you consider to be the most important, and explain your choices.

____
____
____
____
____
____
____
____
____

7 **Preguntas personales** Answer these questions in Spanish.

1. ¿Vas a muchas fiestas? ¿Qué haces en las fiestas? ______________________
____
2. ¿Qué haces antes de ir a una fiesta? ¿Y después? ______________________
____
3. ¿Cuándo es tu cumpleaños? ¿Cómo vas a celebrarlo? ______________________
____
4. ¿Te gusta recibir regalos en tu cumpleaños? ¿Qué tipo de regalos? ______________________
____

Video Manual: *Escenas*

Nombre ______________________ Fecha ______________________

ESCENAS

Lección 10

¡Uf! ¡Qué dolor!

Antes de ver el video

1 **Un accidente** Look at the video still. Where do you think Javier and don Francisco are? What is happening in this scene?

____
____
____
____
____
____
____
____

Mientras ves el video

2 **¿Quién?** Watch the **¡Uf! ¡Qué dolor!** segment of this video module and select the correct column to indicate who said each sentence.

Expresión	Javier	don Francisco	doctora Márquez
1. ¡Creo que me rompí el tobillo!	____	____	____
2. ¿Cómo se lastimó el pie?	____	____	____
3. ¿Embarazada? Definitivamente NO.	____	____	____
4. ¿Está roto el tobillo?	____	____	____
5. No te preocupes, Javier.	____	____	____

3 **Clínicas y hospitales** Watch Javier's flashback about medical facilities in Puerto Rico and select the things you see.

____ 1. una paciente
____ 2. una computadora
____ 3. enfermeras
____ 4. un termómetro
____ 5. una radiografía
____ 6. letreros (*signs*)
____ 7. unos edificios
____ 8. unas pastillas
____ 9. un microscopio
____ 10. una inyección

4 **Resumen** Watch the **Resumen** segment of this video module. Then write the name of the person who said each sentence and fill in the missing words.

____________ 1. De niño tenía que ir mucho a una ____________ en San Juan.
____________ 2. ¿Cuánto tiempo ____________ que se cayó?
____________ 3. Tengo que descansar durante dos o tres días porque me ____________ el tobillo.
____________ 4. No está ____________ el tobillo.
____________ 5. Pero por lo menos no necesito el ____________ para dibujar.

Video Manual: *Escenas*

Después de ver el video

5 **Seleccionar** In the blanks provided, write the letter of the word or words that best complete each sentence.

1. ____ conoce a una doctora que trabaja en una clínica cercana (*nearby*).
   a. don Francisco b. Maite c. Álex d. Inés
2. La doctora Márquez le va a ____ unas pastillas a Javier.
   a. vender b. comprar c. recetar d. romper
3. Cuando era ____, ____ se enfermaba mucho de la garganta.
   a. niña; la doctora Márquez b. niño; Javier c. niño; Álex d. niño; don Francisco
4. La doctora Márquez quiere ver si Javier se rompió uno de los huesos ____.
   a. de la pierna b. del pie c. del tobillo d. de la rodilla
5. Una vez ____ se rompió la pierna jugando al ____.
   a. don Francisco; fútbol b. Javier; béisbol c. la doctora Márquez; baloncesto d. Álex; fútbol
6. ____ se cayó cuando estaba en ____.
   a. Álex; el parque b. Javier; el autobús c. don Francisco; la clínica d. Javier; el restaurante

6 **Preguntas** Answer the following questions in Spanish.

1. ¿Tiene fiebre Javier? ¿Está mareado?
   ____
2. ¿Cuánto tiempo hace que se cayó Javier?
   ____
3. ¿Cómo se llama la clínica donde trabaja la doctora Márquez?
   ____
4. ¿A quién no le gustaban mucho las inyecciones ni las pastillas?
   ____
5. ¿Va a poder ir Javier de excursión con sus amigos?
   ____

7 **Preguntas personales** Answer these questions in Spanish.

1. ¿Te gusta ir al médico? ¿Por qué sí o por qué no? ______________________
   ____
2. ¿Tienes muchas alergias? ¿Eres alérgico/a a algún medicamento? ______________________
   ____
3. ¿Cuándo es importante ir a la sala de emergencias? ______________________
   ____
4. ¿Qué haces cuando tienes fiebre y te duele la garganta? ______________________
   ____

ESCENAS

Lección 11

Tecnohombre, ¡mi héroe!

Antes de ver el video

1 **¿Qué pasa?** Look at the video still. Where do you think Inés and don Francisco are? What do you think they are doing, and why?

____
____
____
____
____
____
____
____

Mientras ves el video

2 **¿Qué oíste?** Watch the **Tecnohombre, ¡mi héroe!** segment of this video module and select the items you hear.

___ 1. Lo siento. No está.
___ 2. ¿Quién habla?
___ 3. Con el señor Fonseca, por favor.
___ 4. ¡A sus órdenes!
___ 5. ¡Uy! ¡Qué dolor!
___ 6. ¡No me digas!
___ 7. Estamos en Ibarra.
___ 8. Viene enseguida.
___ 9. No puede venir hoy.
___ 10. No veo el problema.

3 **Madrid** Watch Maite's flashback about getting around in Madrid and select the things you see.

___ 1. calles
___ 2. bicicletas
___ 3. carros
___ 4. una motocicleta
___ 5. monumentos
___ 6. taxis
___ 7. un navegador GPS
___ 8. un taller
___ 9. una ambulancia
___ 10. una gasolinera

4 **Resumen** Watch the **Resumen** segment of this video module. Then write the name of the person who said each line.

_______________ 1. Cuando estaba en la escuela secundaria, trabajé en el taller de mi tío.
_______________ 2. Y Álex (...) usó su teléfono celular para llamar a un mecánico.
_______________ 3. Al salir de Quito los otros viajeros y yo no nos conocíamos muy bien.
_______________ 4. Piensa que puede arreglar el autobús aquí mismo.
_______________ 5. Es bueno tener superamigos, ¿no?

Después de ver el video

5 **Corregir** All of these statements about the video episode are false. Rewrite them so that they will be true.

1. Don Francisco llamó al señor Fonseca, el mecánico.
2. Maite aprendió a arreglar autobuses en el taller de su tío.
3. Don Francisco descubre que el problema está en el alternador.
4. El mecánico saca una foto de Tecnohombre y la Mujer Mecánica con Maite y don Francisco.
5. El asistente del señor Fonseca está mirando la televisión.
6. El autobús está a unos treinta y cinco kilómetros de la ciudad.

6 **Una carta** Imagine that Maite is writing a short letter to a friend about today's events. In Spanish, write what you think Maite would say in her letter.

7 **Preguntas personales** Answer these questions in Spanish.

1. Cuando tu carro está descompuesto, ¿lo llevas a un(a) mecánico/a o lo arreglas tú mismo/a? ¿Por qué?
2. ¿Conoces a un(a) buen(a) mecánico/a? ¿Cómo se llama?
3. ¿Tienes un teléfono celular? ¿Para qué lo usas?

ESCENAS

Lección 12

¡Les va a encantar la casa!

Antes de ver el video

1 **En la casa** In this lesson, the students arrive at the house in Ibarra near the area where they will go on their hiking excursion. Keeping this information in mind, look at the video still and describe what you think is going on.

Mientras ves el video

2 **¿Cierto o falso?** Watch the **¡Les va a encantar la casa!** segment of this video module and indicate whether each statement is **cierto** or **falso**.

	Cierto	Falso
1. La señora Vives es la hermana de don Francisco.	❍	❍
2. Hay mantas y almohadas en el armario de la alcoba de los chicos.	❍	❍
3. El guía llega mañana a las siete y media de la mañana.	❍	❍
4. Don Francisco va a preparar todas las comidas.	❍	❍
5. La señora Vives cree que Javier debe poner las maletas en la cama.	❍	❍

3 **En México** Watch Álex's flashback about lodgings in Mexico and select the things you see.

____ 1. balcones
____ 2. puertas
____ 3. apartamentos
____ 4. una bicicleta
____ 5. un perro (*dog*)
____ 6. una vaca (*cow*)

4 **Resumen** Watch the **Resumen** segment of this video module. Then select each event that occurred in the **Resumen**.

____ 1. La señora Vives les dice a los estudiantes que deben descansar.
____ 2. Inés habla de la llegada (*arrival*) de los estudiantes a la casa.
____ 3. Inés dice que va a acostarse porque el guía llega muy temprano mañana.
____ 4. Don Francisco les dice a los estudiantes que les va a encantar la casa.
____ 5. Javier dice que los estudiantes van a ayudar a la señora Vives con los quehaceres domésticos.

Nombre ______________________ Fecha ______________________

Después de ver el video

5 **Seleccionar** Write the letter of the words that best complete each sentence.

1. Don Francisco dice que la casa es ____.
   a. pequeña pero bonita b. pequeña pero cómoda c. cómoda y grande
2. La habitación de los chicos tiene dos camas, una ____ y una ____.
   a. mesita de noche; cómoda b. silla; lavadora c. cómoda; escalera
3. El sofá y los sillones ____ son muy cómodos.
   a. del jardín b. de la sala c. de las alcobas
4. Al fondo del ____ hay un ____.
   a. apartamento; comedor b. edificio; baño c. pasillo; baño
5. Inés le dice a ____ que los estudiantes quieren ayudarla a ____ la comida.
   a. Maite; comprar b. la señora Vives; preparar c. don Francisco; comer

6 **Preguntas** Answer the following questions about this video episode in Spanish.

1. ¿Cómo se llama el guía que viene mañana?

   ____

   ____

2. ¿Quién puso su maleta en la cama?

   ____

   ____

3. ¿Cómo se llama el ama de casa?

   ____

   ____

4. ¿Quién quiere que los estudiantes hagan sus camas?

   ____

   ____

5. Según don Francisco, ¿por qué deben acostarse temprano los estudiantes?

   ____

   ____

7 **Escribir** Imagine that you are one of the characters you saw in this video episode. Write a paragraph from that person's point of view, summarizing what happened in this episode.

____

____

____

____

____

____

____

Nombre ______________________ Fecha ______________________

ESCENAS

Lección 13

¡Qué paisaje más hermoso!

Antes de ver el video

1 **La excursión** In this video episode, Martín takes the students out to see the area where they will go hiking. What do you think the students and Martín talk about when they get to the hiking area?

____

____

____

____

____

____

____

____

Mientras ves el video

2 **Opiniones** Watch the **¡Qué paisaje más hermoso!** segment and select each opinion that was expressed in this video segment.

____ 1. Hay un gran problema de contaminación en la ciudad de México.

____ 2. En las montañas, la contaminación no afecta al río.

____ 3. El aire aquí en las montañas está muy contaminado.

____ 4. No es posible hacer mucho para proteger el medio ambiente.

____ 5. Es importante controlar el uso de automóviles.

3 **Los paisajes de Puerto Rico** Watch Javier's flashback about Puerto Rico's countryside and select the things you see.

____ 1. un río

____ 2. unas montañas

____ 3. un pez

____ 4. una flor

____ 5. unas nubes

____ 6. unos árboles

4 **Resumen** Watch the **Resumen** segment of this video module. Then indicate who made each statement, and complete the statements with the correct words.

____________ 1. Martín nos explicó lo que teníamos que hacer para proteger el ____________.

____________ 2. Y sólo deben caminar por el ____________.

____________ 3. No creo que haya ____________ más bonitos en el mundo.

____________ 4. La ____________ es un problema en todo el mundo.

____________ 5. ¡____________ que las comparta conmigo!

Video Manual: *Escenas*

Nombre ______________ Fecha ______________

Después de ver el video

5 **¿Cierto o falso?** Indicate whether each sentence about this video episode is **cierto** or **falso**. If an item is false, rewrite it so that it will be correct.

1. Maite dice que su carro contamina mucho el aire.
2. Martín dice que el río no está contaminado cerca de las ciudades.
3. A Maite no le gusta el paisaje.
4. Según Martín, es muy importante cuidar la naturaleza.
5. Martín cree que es importante tocar las flores y las plantas.

6 **Preguntas** Answer the following questions about this video episode in Spanish.

1. ¿Se pueden tomar fotos durante la excursión?
2. Según Javier, ¿cómo son los paisajes de Puerto Rico?
3. ¿Qué deben hacer los estudiantes si ven por el sendero botellas, papeles o latas?
4. ¿Qué va a hacer Maite si no puede conducir su carro en Madrid?
5. Según Álex, ¿cómo es el aire de la capital de México?

7 **Describir** List a few things that people can do to protect your community's environment.

Nombre ______________________ Fecha ______________________

ESCENAS

Lección 14

Estamos perdidos.

Antes de ver el video

1 **En el centro** In this video episode, Álex and Maite get lost while running errands. What kinds of errands do you think they are running? Based on the video still, what do you think they will do to get their bearings?

____
____
____
____
____
____
____

Mientras ves el video

2 **Ordenar** Watch the **Estamos perdidos** segment of this lesson's video module and put the following events in the correct order.

____ a. Maite le describe a Inés los eventos del día.

____ b. Don Francisco y Martín les dan consejos a los estudiantes sobre la excursión.

____ c. Álex y Maite se pierden pero un joven les indica cómo llegar.

____ d. Maite y Álex van al banco y al supermercado.

____ e. Álex y Maite deciden ir al centro.

3 **Completar** Watch the **Estamos perdidos** segment and complete the following sentences.

1. Estamos conversando sobre la ____________________ de mañana.
2. Les ____________________ que traigan algo de comer.
3. ¿Hay un ____________________ por aquí con cajero automático?
4. Fuimos al banco y al ____________________.
5. También buscamos un ____________________.

4 **Resumen** Watch the **Resumen** segment of this video module. Then select the events that you saw in the **Resumen**.

____ 1. Maite sugiere que vayan ella y Álex al supermercado para comprar comida.

____ 2. Inés dice que necesita ir al banco y al supermercado.

____ 3. Maite le pregunta al joven si hay un banco en la ciudad con cajero automático.

____ 4. Álex y Maite toman un helado juntos.

Video Manual: *Escenas*

Después de ver el video

5 **Seleccionar** In the blanks provided, write the letter of the word or words that best completes each sentence.

1. Don Francisco les recomienda a los estudiantes que ____ para la excursión.
   a. compren comida b. traigan refrescos c. lleven ropa adecuada d. compren un mapa
2. Martín les aconseja a los estudiantes que traigan ____.
   a. comida b. unos refrescos c. un teléfono celular d. helado
3. Inés quiere que Maite le compre ____.
   a. un mapa b. unas estampillas c. unas postales d. una cámara
4. Álex y Maite van al banco, al correo y ____.
   a. al supermercado b. a la joyería c. al consultorio d. al cine
5. Antes de volver a la casa Álex y Maite van a una ____.
   a. pescadería b. joyería c. heladería d. panadería
6. Maite piensa que el joven que les dio direcciones es ____.
   a. guapo pero antipático b. alto y guapo c. simpático e inteligente d. guapo y simpático

6 **Escribir** Write a summary of today's events from Maite's point of view.

7 **Las diligencias** Write a short paragraph describing some of the errands you ran last week. What did the errands involve, and what places in your community did you visit while running your errands?

Nombre ______________________ Fecha ______________________

ESCENAS

Lección 15

¡Qué buena excursión!

Antes de ver el video

1 **Una excursión** List the types of things you would probably do and say during a hiking trip through a scenic area.

____
____
____
____
____
____
____
____

Mientras ves el video

2 **¿Quién?** Watch the **¡Qué buena excursión!** segment of this video module and indicate who said the following things.

______________ 1. Ya veo que han traído lo que necesitan.

______________ 2. No puedo creer que finalmente haya llegado el gran día.

______________ 3. Increíble, don Efe. Nunca había visto un paisaje tan espectacular.

______________ 4. Nunca había hecho una excursión.

______________ 5. Creo que la señora Vives nos ha preparado una cena muy especial.

3 **Un gimnasio en Madrid** Watch Maite's flashback about her gym in Madrid and select the people and things you see.

____ 1. una mujer que hace abdominales (*is doing situps*)

____ 2. un hombre que lleva pantalones cortos rojos

____ 3. un hombre que levanta pesas

____ 4. una mujer que lleva una camiseta roja

4 **Resumen** Watch the **Resumen** segment of this video module. Then number the following events from one to five according to the order in which they occurred in the **Resumen**.

______________ a. Javier dice que sacó muchísimas fotos.

______________ b. Inés menciona que Martín es un guía muy bueno.

______________ c. Inés dice que se alegra de haber conocido a los otros estudiantes.

______________ d. Martín recomienda que los chicos hagan unos ejercicios de estiramiento.

______________ e. Maite dice que se divirtió mucho durante la excursión.

Después de ver el video

5 **¿Cierto o falso?** Indicate whether each sentence about this video episode is **cierto** or **falso**. If an item is false, rewrite it so that it will be correct.

1. Según Álex, es muy bonita el área donde hicieron la excursión.
2. Martín y los estudiantes hacen unos ejercicios de estiramiento después de la excursión.
3. Don Francisco dice que el grupo debe volver a la casa para preparar la cena.
4. Maite va a un gimnasio cuando está en Madrid.
5. Maite va a tener mucho que contarle a su familia cuando regrese a España.

6 **Preguntas personales** Answer the following questions in Spanish.

1. ¿Vas al gimnasio todos los días? ¿Por qué sí o por qué no?
2. ¿Sacas muchas fotos cuando estás de vacaciones? ¿Por qué sí o por qué no?
3. ¿Te gusta comer una cena grande después de hacer ejercicio? Explica por qué.
4. ¿Has visto alguna vez un paisaje tan bonito como el paisaje que vieron Álex, Maite, Javier e Inés? ¿Dónde?
5. ¿Quieres hacer una excursión como la que hicieron los cuatro estudiantes? Explica tu respuesta.

7 **Describir** Write a description of your personal fitness routine. You may write about an imaginary fitness routine if you wish.

Nombre ______________ Fecha ______________

¡VIVAN LOS PAÍSES HISPANOS!

Lección 2

Los Estados Unidos

Antes de ver el video

1 **Más vocabulario** Look over these useful words and expressions before you watch the video.

Vocabulario útil

algunos *some, a few*	espectáculos *shows*	millón *million*
beisbolistas *baseball players*	estaciones *stations*	mucha *large*
comparsa *parade*	este *this*	muchos *many*
concursos *contests*	ligas mayores *major leagues*	por ciento *percent*
diseñador *designer*	más *more*	su *their*
disfraces *costumes*	mayoría *majority*	tiene *has*
escritora *writer*		

2 **Deportes** In this video, you are going to learn about some famous Dominican baseball players. In preparation, answer these questions about sports.

1. What sports are popular in the United States? ______________
2. What is your favorite sport? ______________
3. Do you play any sports? Which ones? ______________

Mientras ves el video

3 **Cognados** Check off all the cognates you hear during the video.

___ 1. agosto ___ 3. celebrar ___ 5. democracia ___ 7. festival ___ 9. intuición

___ 2. carnaval ___ 4. discotecas ___ 6. famosos ___ 8. independencia ___ 10. populares

Después de ver el video

4 **Responder** Answer the questions in Spanish. Use complete sentences.

1. ¿Cuántos hispanos hay en Estados Unidos?
____
2. ¿De dónde son la mayoría de los hispanos en Estados Unidos?
____
3. ¿Quiénes son Pedro Martínez y Manny Ramírez?
____
4. ¿Dónde hay muchas discotecas y estaciones de radio hispanas?
____
5. ¿Qué son WADO y Latino Mix?
____
6. ¿Es Julia Álvarez una escritora dominicana?
____

¡VIVAN LOS PAÍSES HISPANOS!

Lección 2

Canadá

Antes de ver el video

1 **Más vocabulario** Look over these useful words and expressions before you watch the video.

Vocabulario útil		
bancos *banks*	hijas *daughters*	periódico *newspaper*
campo *field*	investigadora científica *research scientist*	que *that*
canal de televisión *TV station*	mantienen *maintain*	revista *magazine*
ciudad *city*	mayoría *majority*	seguridad *safety*
comunidad *community*	ofrecen *offer*	sus *her*
escuelas *schools*	otras *others*	trabajadores *workers*
estudia *studies*	pasa *spends*	vive *live*

2 **Responder** This video talks about the Hispanic community in Montreal. In preparation for watching the video, answer the following questions about your family's background.

1. Where were your parents born? And your grandparents? ________________
2. If any of them came to the United States from another country, when and why did they come here? ________________
3. Are you familiar with the culture of the country of your ancestors? What do you know about their culture? Do you follow any of their traditions? Which ones? ________________

____

Mientras ves el video

3 **Marcar** Check off the nouns you hear while watching the video.

___ 1. apartamento ___ 3. diario ___ 5. horas ___ 7. instituciones ___ 9. lápiz
___ 2. comunidad ___ 4. escuela ___ 6. hoteles ___ 8. laboratorio ___ 10. programa

Después de ver el video

4 **¿Cierto o falso?** Indicate whether these statements are **cierto** or **falso**. Correct the false statements.

1. Los hispanos en Montreal son de Argentina. ________________
2. En Montreal no hay canales de televisión en español. ________________
3. En Montreal hay hispanos importantes. ________________
4. Una hispana importante en el campo de la biología es Ana María Seifert. ________________
5. Ella vive con sus dos hijas en una mansión en Montreal. ________________
6. Ella pasa muchas horas en el museo. ________________
7. En su casa se mantienen muchas tradiciones argentinas. ________________
8. Ella participa en convenciones nacionales e internacionales. ________________

Nombre ______________ Fecha ______________

¡VIVAN LOS PAÍSES HISPANOS!

Lección 4

México

Antes de ver el video

1 **Más vocabulario** Look over these useful words before you watch the video.

Vocabulario útil			
día *day*	estos *these*	gente *people*	sentir *to feel*
energía *energy*	fiesta *party, celebration*	para *to*	valle *valley*

2 **Describir** In this video, you will learn about the archaeological ruins of Teotihuacán, where the celebration of the equinox takes place every year. Do you know what the equinox is? In English, try to write a description.

equinoccio: ______________________________

____

3 **Categorías** Categorize the words listed in the word bank.

arqueológicos	gente	increíble	mexicanos	Teotihuacán
capital mexicana	hacen	interesante	moderno	tienen
celebrar	hombres	jóvenes	mujeres	Valle de México
ciudad	importante	Latinoamérica	niños	van
escalar				

Lugares	Personas	Verbos	Adjetivos

Mientras ves el video

4 **Marcar** Check off the pastimes you see while watching the video.

_____ 1. pasear
_____ 2. nadar
_____ 3. patinar
_____ 4. escalar (pirámides)
_____ 5. tomar el sol
_____ 6. ver películas
_____ 7. visitar monumentos
_____ 8. bucear

Video Manual: ¡Vivan los países hispanos!

Después de ver el video

5 **Completar** Fill in the blanks with the appropriate word(s).

la capital mexicana	muy interesante
la celebración del equinoccio	pasean
celebrar	sentir
comienzan	sol
manos	el Valle de México

1. Teotihuacán está a cincuenta kilómetros de ______.
2. A ______ van muchos grupos de música tradicional.
3. Todos quieren ______ la energía del sol en sus ______.
4. Ir a las pirámides de Teotihuacán es una experiencia ______.
5. Las personas ______ por las ruinas.

6 **¿Cierto o falso?** Indicate whether each statement is **cierto** or **falso**. Correct the false statements.

1. Las pirámides de Teotihuacán están lejos del Valle de México.
2. Muchas personas van a Teotihuacán todos los años para celebrar el equinoccio.
3. Turistas de muchas nacionalidades van a la celebración.
4. La gente prefiere ir a Teotihuacán en sus ratos libres.
5. La celebración del equinoccio termina a las cinco de la mañana.
6. Las personas celebran la energía que reciben de Teotihuacán todos los años.

7 **Foto** Describe the video still. Write at least three sentences in Spanish.

Nombre ______________________ Fecha ______________________

¡VIVAN LOS PAÍSES HISPANOS!

Lección 6

Puerto Rico
Antes de ver el video

1 **Más vocabulario** Look over these useful words before you watch the video.

Vocabulario útil

angosto *narrow*	calle *street*	plaza *square*
antiguo *old*	escultura *sculpture*	promocionar *to promote*
artesanías *handicrafts*	exposición *exhibition*	sitio *site*
bahía *bay*	fuente *fountain*	vender *to sell*
barrio *neighborhood*		

Mientras ves el video

2 **Cognados** Check off all the cognates you hear during the video.

_____ 1. aeropuerto
_____ 2. área
_____ 3. arte
_____ 4. artístico
_____ 5. cafés
_____ 6. calma
_____ 7. capital
_____ 8. construcciones
_____ 9. estrés
_____ 10. histórico
_____ 11. información
_____ 12. nacional
_____ 13. permanente
_____ 14. presidente
_____ 15. restaurantes

Después de ver el video

3 **Completar** Complete the sentences with words from the word bank.

camina	coloniales	excelente	galerías	plaza
capital	esculturas	exposición	hermoso	promociona

1. En la bahía de la ________________ de Puerto Rico está el Castillo de San Felipe del Morro.
2. Muchas de las construcciones del Viejo San Juan son ________________.
3. En la mayoría de los parques hay ________________ inspiradas en la historia del país.
4. El Instituto de Cultura Puertorriqueña ________________ eventos culturales en la isla.
5. Hay muchas ________________ de arte y museos.
6. En el Museo de San Juan hay una ________________ permanente de la historia de Puerto Rico.

Nombre ______________________ Fecha ______________________

¡VIVAN LOS PAÍSES HISPANOS!

Lección 6

Cuba

Antes de ver el video

1 **Más vocabulario** Look over these useful words before you watch the video.

Vocabulario útil

conversar *to talk*
imágenes *images (in this case, of a religious nature)*
miembro *member*
relacionadas *related to*
relaciones *relationships*

Mientras ves el video

2 **Marcar** Check off the activities you see while watching the video.

_____ 1. hombre escribiendo

_____ 2. hombre leyendo

_____ 3. mujer corriendo

_____ 4. mujer llorando (*crying*)

_____ 5. niño jugando

_____ 6. personas bailando

_____ 7. personas caminando

_____ 8. personas cantando

_____ 9. personas conversando

Después de ver el video

3 **¿Cierto o falso?** Indicate whether each statement is **cierto** or **falso**. Correct the false statements.

1. Cada tres horas sale un barco de La Habana con destino a Regla.

____

2. Regla es una ciudad donde se practica la santería.

____

3. La santería es una práctica religiosa muy común en algunos países latinoamericanos.

____

4. Los santeros no son personas importantes en su comunidad.

____

5. La santería es una de las tradiciones cubanas más viejas.

____

¡VIVAN LOS PAÍSES HISPANOS!

Lección 6

La República Dominicana
Antes de ver el video

1 **Más vocabulario** Look over these useful words and expressions before you watch the video.

Vocabulario útil	
crear *to create, to form*	**papel** *role*
emigrantes *emigrants*	**ritmos** *rhythms*
fiestas nacionales *national festivals*	**tocar (música)** *to play (music)*

2 **Preguntas** This video talks about two musical genres famous in the Dominican Republic. In preparation for watching the video, answer these questions.

1. ¿Cuál es el género (*genre*) musical estadounidense con más fama internacional?

   ____

2. ¿Te gusta esta música? ¿Por qué?

   ____

Mientras ves el video

3 **Marcar** Check off the activities and places you see in the video.

_____ 1. niños sonriendo
_____ 2. mujer vendiendo ropa
_____ 3. parejas bailando
_____ 4. hombre tocando acordeón
_____ 5. niño jugando al fútbol
_____ 6. espectáculo de baile en teatro
_____ 7. bandera (*flag*) de la República Dominicana
_____ 8. mujer peinándose
_____ 9. boulevard
_____ 10. playa

Después de ver el video

4 **Corregir** The underlined elements in the sentences are incorrect. Write the correct words in the spaces provided.

1. Uno de los mejores ejemplos de la mezcla (*mix*) de culturas en la República Dominicana es la <u>arquitectura</u>.

   La palabra correcta es: ______________________

2. El Festival del Merengue se celebra en las <u>plazas</u> de Santo Domingo todos los veranos.

   La palabra correcta es: ______________________

3. La música de República Dominicana está influenciada por la música tradicional de <u>Asia</u>.

   La palabra correcta es: ______________________

4. En todo el país hay discotecas donde se toca y se baila la bachata y el jazz.

   La palabra correcta es: ______________________

5. El veintisiete de febrero de cada año los dominicanos celebran el día de la madre.

   La palabra correcta es: ______________________

6. La bachata y el merengue son ritmos poco populares en la República Dominicana.

   La palabra correcta es: ______________________

5 **Emparejar** Find the items in the second column that correspond to the ones in the first.

_____ 1. Aquí la gente baila la bachata y el merengue.
_____ 2. Este músico recibió en 1966 la Medalla presidencial.
_____ 3. *El Bachatón*
_____ 4. Juan Luis Guerra, Johnny Ventura y Wilfredo Vargas
_____ 5. La música dominicana recibió la influencia de estas personas.

a. Johnny Pacheco
b. Varios de los muchos músicos de bachata y merengue con fama internacional
c. Los indígenas que vivían en la región
d. Las discotecas de la ciudad
e. En este programa de televisión sólo se toca la bachata.

6 **Seleccionar** Select the sentence that best summarizes what you saw in this video.

_____ 1. Por muchos años, muchos emigrantes llegaron a la República Dominicana y crearon la actual cultura dominicana.

_____ 2. Todas las estaciones de radio tocan bachata y hay un programa de televisión muy popular dedicado exclusivamente a esta música, llamado *El Bachatón*.

_____ 3. Los ritmos más populares de la República Dominicana, la bachata y el merengue, son producto de varias culturas y forman parte integral de la vida de los dominicanos.

_____ 4. Una fiesta tradicional dominicana es el Festival del Merengue, que se celebra todos los veranos desde 1966 por las calles de Santo Domingo.

7 **Responder** Answer the questions in Spanish. Use complete sentences.

1. ¿Cuál es tu música favorita? ¿Por qué?

   ____

2. ¿Dónde escuchas esta música? ¿Cuándo?

   ____

3. ¿Quiénes son los intérpretes más famosos de esta música? ¿Cuál de ellos te gusta más?

   ____

4. ¿Te gusta bailar? ¿Qué tipo de música bailas?

   ____

5. ¿Es la música algo importante en tu vida? ¿Por qué?

   ____

Nombre ______________________ Fecha ______________________

¡VIVAN LOS PAÍSES HISPANOS!

Lección 8

Venezuela

Antes de ver el video

1 **Más vocabulario** Look over these useful words before you watch the video.

Vocabulario útil		
castillo *castle*	fuerte *fort*	plana *flat*
catarata *waterfall*	maravilla *wonder*	según *according to*
cima *top*	medir *measure*	teleférico *cable railway*

Mientras ves el video

2 **Marcar** Check off the cognates you hear while watching the video.

_____ 1. animales
_____ 2. arquitectura
_____ 3. construcción
_____ 4. diversa
_____ 5. famoso
_____ 6. geológicas
_____ 7. horizontales
_____ 8. marina
_____ 9. mitología
_____ 10. naturales
_____ 11. plantas
_____ 12. verticales

Después de ver el video

3 **Completar** Complete the sentences with words from the word bank. Some words will not be used.

clase	islas	metros	río	verticales
fuertes	marina	planas	teleférico	

1. En Venezuela hay castillos y ________________ que sirvieron para proteger al país hace muchos años.
2. En Venezuela hay más de 311 ________________.
3. La isla Margarita tiene una fauna ________________ muy diversa.
4. Los hoteles de isla Margarita son de primera ________________.
5. El Parque Nacional Canaima tiene 38 grandes montañas de paredes ________________ y cimas ________________.
6. Venezuela también tiene el ________________ más largo del mundo.

4 **Escribir** In Spanish, list the three things you found most interesting in this video and explain your choices. Use complete sentences.

____

____

____

Video Manual: ¡Vivan los países hispanos!

Nombre _______________ Fecha _______________

¡VIVAN LOS PAÍSES HISPANOS!

Lección 8

Colombia

Antes de ver el video

1 **Más vocabulario** Look over these useful words and expressions before you watch the video.

Vocabulario útil	
alrededores *surrounding area*	**delfín** *dolphin*
belleza natural *natural beauty*	**desfile** *parade*
campesinos *country/rural people*	**disfrutar (de)** *enjoy*
carroza *float*	**feria** *fair*
cordillera *mountain range*	**fiesta** *festival*
costas *coasts*	**orquídea** *orchid*

Mientras ves el video

2 **Preguntas** Answer the question about the video still. Use complete sentences.

¿Cómo se llama esta celebración?

____

Después de ver el video

3 **Emparejar** Find the items in the second column that correspond to the ones in the first.

_____ 1. El grano colombiano que se exporta mucho
_____ 2. El Carnaval de Barranquilla
_____ 3. En Colombia crecen muchas
_____ 4. Aquí vive el delfín rosado
_____ 5. Desfile de los silleteros
_____ 6. Aquí vive el cóndor

a. el café
b. Río Amazonas
c. un desfile de carrozas decordas
d. orquídeas
e. Feria de las Flores
f. Nevado del Huila

4 **Responder** Answer these questions in Spanish. Use complete sentences.

1. ¿Cuál crees que es el carnaval más famoso del mundo? ¿Por qué?

____

____

2. ¿Cuál es el carnaval más famoso de los Estados Unidos? ¿Cómo se celebra?

____

____

Video Manual: *¡Vivan los países hispanos!*

Nombre ______________________ Fecha ______________________

¡VIVAN LOS PAÍSES HISPANOS!

Lección 8

Ecuador

Antes de ver el video

1 **Más vocabulario** Look over these useful words and expressions before you watch the video.

Vocabulario útil		
algunas *some*	**otro** *other*	**todo** *every*
científico *scientist*	**pingüino** *penguin*	**tomar fotografías** *to take pictures*
guía *guide*	**recurso** *resource*	**tortuga** *turtle*

Mientras ves el video

2 **Marcar** Check off the verbs you hear while watching the video.

_____ 1. aprender
_____ 2. bailar
_____ 3. beber
_____ 4. comprar
_____ 5. escribir
_____ 6. estudiar
_____ 7. leer
_____ 8. recibir
_____ 9. tener
_____ 10. tomar
_____ 11. vivir

Después de ver el video

3 **Responder** Answer the questions in Spanish. Use complete sentences.

1. ¿En qué océano están las islas Galápagos?
____
____
2. ¿Qué hacen los científicos que viven en las islas?
____
____
3. ¿Qué hacen los turistas que visitan las islas?
____
____
4. ¿Qué proyectos tiene la Fundación Charles Darwin?
____
____
5. ¿Cuáles son los animales más grandes que viven en las islas?
____
____
6. ¿Por qué son importantes estas islas?
____
____

Nombre ______________________ Fecha ______________________

¡VIVAN LOS PAÍSES HISPANOS!

Lección 8

Perú

Antes de ver el video

1 **Más vocabulario** Look over these useful words and expressions before you watch the video.

Vocabulario útil		
canoa *canoe*	exuberante naturaleza	ruta *route, path*
dunas *sand dunes*	*lush countryside*	tabla *board*

Mientras ves el video

2 **Fotos** Describe the video stills. Write at least three sentences in Spanish for each still.

____

____

____

____

____

____

____

____

____

____

Después de ver el video

3 **Completar** Complete the sentences with words from the word bank.

aventura	kilómetros	pesca
excursión	llamas	restaurante
exuberante	parque	tradicional

1. En el Perú se practican muchos deportes de ______________.
2. Pachamac está a 31 ______________ de Lima.
3. La naturaleza en Santa Cruz es muy ______________.
4. En el Perú, uno de los deportes más antiguos es la ______________ en pequeñas canoas.
5. Caminar con ______________ es uno de los deportes tradicionales en el Perú.
6. Santa Cruz es un sitio ideal para ir de ______________.

Video Manual: ¡Vivan los países hispanos!

¡VIVAN LOS PAÍSES HISPANOS!

Lección 10

Argentina

Antes de ver el video

1 **Más vocabulario** Look over these useful words and expressions before you watch the video.

Vocabulario útil		
actualmente *nowadays*	**gaucho** *cowboy*	**paso** *step*
barrio *neighborhood*	**género** *genre*	**salón de baile** *ballrooms*
cantante *singer*	**homenaje** *tribute*	**suelo** *floor*
exponer *to exhibit*	**pareja** *partner*	**surgir** *to emerge*
extrañar *to miss*	**pintura** *paint*	**tocar** *to play*

2 **Completar** The previous vocabulary will be used in this video. In preparation for watching the video, complete the sentences using words from the vocabulary list. Conjugate the verbs as necessary. Some words will not be used.

1. Los artistas ____________________ sus pinturas en las calles.
2. Beyoncé es una ____________________ famosa.
3. El tango tiene ____________________ muy complicados.
4. El jazz es un ____________________ musical que se originó en los Estados Unidos.
5. El tango ____________________ en Buenos Aires, Argentina.
6. La gente va a los ____________________ a divertirse.
7. Las personas ____________________ mucho a su país cuando tienen que vivir en el extranjero.

Mientras ves el video

3 **Marcar** Check off the cognates you hear while watching the video.

_____ 1. adultos
_____ 2. aniversario
_____ 3. arquitectura
_____ 4. artistas
_____ 5. demostración
_____ 6. conferencia
_____ 7. dramático
_____ 8. exclusivamente
_____ 9. famosos
_____ 10. gráfica
_____ 11. impacto
_____ 12. musical

Nombre ______________________ Fecha ______________________

Después de ver el video

4 **¿Cierto o falso?** Indicate whether each statement is **cierto** or **falso**. Correct the false statements.

1. Guillermo Alio dibuja en el suelo una gráfica para enseñar a cantar.
____
2. El tango es música, danza, poesía y pintura.
____
3. Alio es un artista que baila y canta al mismo tiempo.
____
4. Alio y su pareja se ponen pintura verde en los zapatos.
____
5. Ahora los tangos son historias de hombres que sufren por amor.
____
6. El tango tiene un tono dramático y nostálgico.
____

5 **Completar** Complete the sentences with words from the word bank.

actualmente **compositor** **fiesta** **género** **homenaje** **pintor** **surgió** **toca**

1. El tango es un ______________ musical que se originó en Argentina en 1880.
2. El tango ______________ en el barrio La Boca.
3. ______________ este barrio se considera un museo al aire libre.
4. En la calle Caminito se ______________ y se baila el tango.
5. Carlos Gardel fue el ______________ de varios de los tangos más famosos.
6. En el aniversario de su muerte, sus aficionados le hacen un ______________.

6 **Responder** Answer the questions in Spanish. Use complete sentences.

1. ¿Por qué crees que el tango es tan famoso en todo el mundo?
____
2. ¿Te gustaría (*Would you like*) aprender a bailar tango? ¿Por qué?
____
3. ¿Qué tipo de música te gusta? Explica tu respuesta.
____

¡VIVAN LOS PAÍSES HISPANOS!

Lección 10

Chile

Antes de ver el video

1 Más vocabulario Look over these useful words and expressions before you watch the video.

Vocabulario útil

disfrutar (de) *to take advantage (of)*	isla *island*
grados *degrees*	recursos naturales *natural resources*
hace miles de años *thousands of years ago*	repartidas *spread throughout, distributed*
indígena *indigenous*	vista *view*

Mientras ves el video

2 Fotos Describe the video stills. Write at least three sentences in Spanish for each still.

Después de ver el video

3 Completar Complete the sentences with words from the word bank.

atracción	diferente	escalan	llega	remoto
característico	difícil	indígena	recursos	repartidas

1. Rapa Nui es el nombre de la isla de Pascua en la lengua _______________ de la región.
2. Esta isla está en un lugar _______________.
3. Los habitantes de esta isla no tenían muchos _______________ naturales.
4. En un día de verano la temperatura _______________ a los 90°.
5. Las esculturas Moai son el elemento más _______________ de esta isla.
6. Hay más de novecientas esculturas _______________ por toda la isla.
7. Otra gran _______________ de la isla es el gran cráter Rano Kau.
8. Los visitantes _______________ el cráter para disfrutar de la espectacular vista.

Nombre ______________________ Fecha ______________________

¡VIVAN LOS PAÍSES HISPANOS!

Lección 10

Uruguay

Antes de ver el video

1 **Más vocabulario** Look over these useful words and expressions before you watch the video.

Vocabulario útil

asado *barbecue*	campos *rural areas*	jineteadas *rodeo*
cabalgatas colectivas *caravans*	ganadería *ranching*	ranchos ganaderos *cattle ranches*
caballos *horses*	gauchos *cowboys*	siglos *centuries*

2 **Predecir** Based on the video stills, write what you think the video will be about.

____
____
____
____

Mientras ves el video

3 **Describir** Write a short description of the items.

1. Las estancias son ______________________
2. Los gauchos son ______________________
3. Las cabalgatas colectivas son ______________________
4. Las jineteadas son ______________________

Después de ver el video

4 **Responder** Answer the questions in Spanish.

1. ¿Te gustaría quedarte por unos días en una estancia? ¿Por qué?

____

2. ¿Por qué crees que a los turistas les gustan estos lugares? ¿Por qué son tan especiales?

____

3. ¿Hay en tu país hoteles parecidos a las estancias? ¿Cómo son?

____

Nombre ____________________ Fecha ____________________

¡VIVAN LOS PAÍSES HISPANOS!

Lección 10

Paraguay

Antes de ver el video

1 **Más vocabulario** Look over these useful words and expressions before you watch the video.

Vocabulario útil			
alimento *food*	**cortar** *to cut*	**hervir** *to boil*	**suplemento alimenticio** *dietary supplement*
amargo *bitter*	**cultivar** *to cultivate*	**hojas** *leaves*	
asegurar *to maintain*	**empresas** *companies*	**quemar** *to burn*	
calabaza *pumpkin*	**fuente** *source*	**sagrada** *sacred*	

Mientras ves el video

2 **Ordenar** Number the sentences in the order in which they appear in the video.

_____ a. El mate es un alimento.

_____ b. Hay muchas técnicas para preparar el mate.

_____ c. Tomar mate era ilegal.

_____ d. El mate se toma a toda hora.

_____ e. La yerba mate crece en América del Sur.

_____ f. El mate tiene vitaminas, minerales y antioxidantes.

_____ g. El mate tiene un sabor amargo.

_____ h. Los indígenas guaraní creían que esta planta era un regalo de sus antepasados.

_____ i. El mate es típico de Paraguay, Argentina y Uruguay.

_____ j. El mate es usado por personas que quieren adelgazar.

Después de ver el video

3 **Fotos** Describe the video stills. Write at least three sentences in Spanish for each one.

____

____

____

____

____

____

____

____

____

____

Video Manual: ¡Vivan los países hispanos!

Nombre ______________________ Fecha ______________________

¡VIVAN LOS PAÍSES HISPANOS!

Lección 10

Bolivia

Antes de ver el video

1 **Más vocabulario** Look over these useful words before you watch the video.

Vocabulario útil		
alimento *food*	particular *unique*	tratamiento *treatment*
enorme *enormous*	salar *salt flat*	

2 **Foto** Describe the video still. Write at least three sentences in Spanish.

____
____
____
____
____

Mientras ves el video

3 **Marcar** Check off the cognates you hear while watching the video.

____ 1. abundante	____ 4. contacto	____ 7. estrés	____ 10. extraordinario
____ 2. arte	____ 5. cultura	____ 8. exceso	____ 11. presente
____ 3. color	____ 6. diversa	____ 9. exótico	____ 12. región

Después de ver el video

4 **Palabra correcta** The underlined elements in these statements are incorrect. Write the correct word on the space provided.

1. El salar de Uyuni está al norte de Bolivia. ______________________
2. La sal, sin exceso es mala para las personas que sufren de enfermedades de los huesos. ______________________
3. Los hoteles de esta región se hicieron con cuidado porque el contacto en exceso con la sal es excelente para la salud. ______________________
4. Estos hoteles ofrecen a los huéspedes masajes y otros tratamientos para aliviar el acné. ______________________
5. La sal se usa en Uyuni para dañar los alimentos. ______________________
6. El salar de Uyuni parece un gran parque de color blanco. ______________________

Video Manual: ¡Vivan los países hispanos!

Nombre ______________________ Fecha ______________________

¡VIVAN LOS PAÍSES HISPANOS!

Lección 12

Guatemala

Antes de ver el video

1 **Más vocabulario** Look over these useful words and expressions before you watch the video.

Vocabulario útil		
alfombra *rug*	destruir *to destroy*	ruinas *ruins*
artículos *items*	época colonial *colonial times*	sobrevivir *to survive*
calle *street*	indígenas *indigenous people*	terremoto *earthquake*

2 **Describir** In this video you are going to learn about an open-air market that take place in Guatemala. In Spanish, describe one open-air market that you know.

mercado: ____

____

____

____

____

____

3 **Categorías** Categorize the words listed in the word bank.

bonitas	espectaculares	indígenas	quieres
calles	grandes	mercado	región
colonial	habitantes	monasterios	sentir
conocer	iglesias	mujeres	vieja

Lugares	Personas	Verbos	Adjetivos

Video Manual: ¡Vivan los países hispanos!

Nombre ______________________ Fecha ______________________

Mientras ves el video

4 **Marcar** Check off what you see while watching the video.

_____ 1. fuente (*fountain*)
_____ 2. hombres con vestidos morados
_____ 3. mujer bailando
_____ 4. mujer llevando bebé en el mercado
_____ 5. mujeres haciendo alfombras de flores
_____ 6. niñas sonriendo
_____ 7. niño dibujando
_____ 8. personas hablando
_____ 9. ruinas
_____ 10. turista mirando el paisaje

Después de ver el video

5 **Completar** Complete the sentences with words from the word bank.

aire libre   alfombras   atmósfera   fijo   indígenas   regatear

1. En Semana Santa las mujeres hacen ______________ con miles de flores.
2. En Chichicastenango hay un mercado al ______________ los jueves y domingos.
3. En el mercado los artículos no tienen un precio ______________.
4. Los clientes tienen que ______________ cuando hacen sus compras.
5. En las calles de Antigua, los turistas pueden sentir la ______________ del pasado.
6. Muchos ______________ de toda la región vienen al mercado a vender sus productos.

6 **¿Cierto o falso?** Indicate whether each statement is **cierto** or **falso**. Correct the false statements.

1. Antigua fue la capital de Guatemala hasta 1773.
____
2. Una de las celebraciones más importantes de Antigua es la de la Semana Santa.
____
3. En esta celebración, muchas personas se visten con ropa de color verde.
____
4. Antigua es una ciudad completamente moderna.
____
5. Chichicastenango es una ciudad mucho más grande que Antigua.
____
6. El terremoto de 1773 destruyó todas las iglesias y monasterios en Antigua.
____

7 **Escribir** Write four sentences comparing the cities Antigua and Chichicastenango.

____
____
____
____
____

Nombre ______________________________ Fecha ______________________________

¡VIVAN LOS PAÍSES HISPANOS!

Lección 12

Honduras

Antes de ver el video

1 **Más vocabulario** Look over these useful words and expressions before you watch the video.

Vocabulario útil		
astrónomo *astronomer*	escala *scale*	quetzal *quetzal (a type of bird)*
clara *clear*	impresionante *amazing*	ruinas *ruins*
dentro de *inside*	piezas de arte *works of art*	serpiente *snake*

2 **Predecir** Do you remember the video from **Lección 4**? It was about the pyramids of Teotihuacán. In this lesson you are going to hear about other pyramids, those in the city of Copán, Honduras. Write a paragraph about the things you think you will see in this video.

____

____

____

Mientras ves el video

3 **Marcar** Check off the words you hear while watching the video.

_____ 1. azteca
_____ 2. bailes
_____ 3. cultura precolombina
_____ 4. grupos
_____ 5. maya
_____ 6. ochocientos
_____ 7. quetzal
_____ 8. Rosalila
_____ 9. Sol
_____ 10. Tegucigalpa

Después de ver el video

4 **Seleccionar** Choose the option that best completes each sentence.

1. Una ciudad muy importante de la cultura ______________ es Copán.
   a. olmeca b. salvadoreña c. azteca d. maya
2. Desde mil novecientos ______________ y cinco científicos han trabajado en estas ruinas.
   a. cincuenta b. setenta c. sesenta d. noventa
3. Los mayas fueron grandes artistas, ______________, matemáticos, astrónomos y médicos.
   a. maestros b. estudiantes c. arquitectos d. cantantes
4. Ricardo Agurcia descubrió un templo ______________ una pirámide.
   a. afuera de b. cerca de c. dentro de d. a un lado de
5. En Copán encontraron el texto más ______________ que dejó la gran civilización maya.
   a. extenso b. corto c. interesante d. divertido
6. En Copán está el Museo de ______________ Maya.
   a. Arte b. Pintura c. Escultura d. Texto

Nombre ________________ Fecha ________________

¡VIVAN LOS PAÍSES HISPANOS!

Lección 12

El Salvador

Antes de ver el video

1 **Más vocabulario** Look over these useful words before you watch the video.

Vocabulario útil			
alimento *food*	**fuente** *source*	**grano** *grain*	**salsa** *sauce*

Mientras ves el video

2 **Marcar** Check off the verbs you hear while watching the video.

_____ 1. bailar	_____ 5. describir	_____ 8. saber	_____ 11. usar
_____ 2. cocinar	_____ 6. hacer	_____ 9. servir	_____ 12. vender
_____ 3. comer	_____ 7. limpiar	_____ 10. tocar	_____ 13. vivir
_____ 4. decir			

Después de ver el video

3 **Completar** Complete the sentences with words from the word bank.

aceite	fuente	pupusas
arroz	maíz	sal
camarón	postre	símbolo

1. En El Salvador el ______________________ es el alimento principal de la dieta diaria.
2. Las pupusas se comen a veces como ______________________ acompañadas de frutas.
3. En todos los lugares importantes de El Salvador se venden ______________________.
4. Para hacer las pupusas se usa maíz, agua, ______________________ y sal.
5. El maíz es una buena ______________________ de carbohidratos.
6. El maíz se ha usado como ______________________ religioso.

4 **Foto** Describe the video still. Write at least three sentences in Spanish.

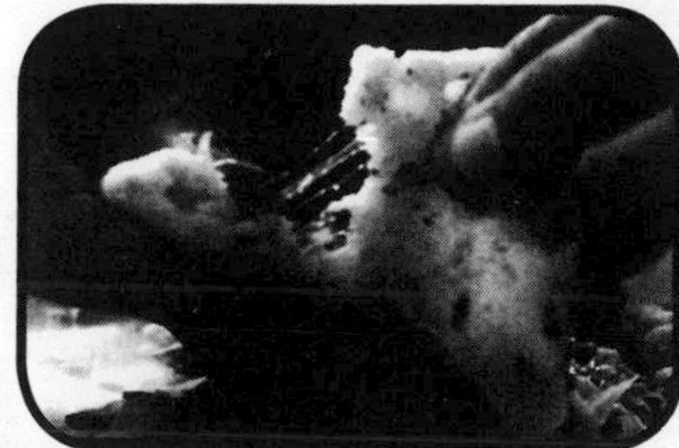

____

____

____

____

____

Video Manual: ¡Vivan los países hispanos!

Nombre ______________________ Fecha ______________________

¡VIVAN LOS PAÍSES HISPANOS!

Lección 14

Nicaragua

Antes de ver el video

1 **Más vocabulario** Look over these useful words and expressions before you watch the video.

Vocabulario útil		
artesanías *handicrafts, craft work*	dioses *gods*	ofrendas *offerings*
atractivos *attractions*	laguna *lagoon*	venado *deer*
burlarse *make fun (of)*	obras artesanales *handicrafts*	venerar *to worship*

Mientras ves el video

2 **Marcar** Check off the verbs you hear while watching the video.

_____ 1. bailan _____ 4. comer _____ 7. deriva _____ 10. venden

_____ 2. burlan _____ 5. correr _____ 8. estudiar _____ 11. veneraban

_____ 3. calmar _____ 6. creían _____ 9. jugar _____ 12. ver

Después de ver el video

3 **Emparejar** Find the items in the second column that correspond to the ones in the first.

_____ 1. la más reciente erupción del Volcán Masaya
_____ 2. Le daban esto a los dioses para calmar al volcán.
_____ 3. *Mazalt* y *yan*
_____ 4. pasaba cuando los dioses estaban enojados
_____ 5. el Torovenado

a. una celebración
b. ofrendas
c. el volcán hacía erupción
d. nombre *Masaya* en lengua indígena
e. 1993

4 **Respuestas** Answer the questions in Spanish. Use complete sentences.

1. ¿Cómo se llama el pueblo donde está situada la laguna de Masaya?

____

2. ¿De dónde se deriva el nombre *Masaya*?

____

3. ¿Cuál es la fiesta más importante que se celebra en Masaya?

____

4. ¿De quiénes se burlan los habitantes en estas fiestas?

____

5. ¿Por qué se le conoce a Masaya como la capital del folklore nicaragüense?

____

6. ¿Qué venden en el mercado, además de frutas y verduras?

____

Nombre ______________________ Fecha ______________________

¡VIVAN LOS PAÍSES HISPANOS! Lección 14

Costa Rica

Antes de ver el video

1 **Más vocabulario** Look over these useful words and expressions before you watch the video.

Vocabulario útil		
bosque *forest*	**guía certificado** *certified guide*	**riqueza** *wealth*
conservar *to preserve*	**nuboso** *cloudy*	**tiendas de campaña** *camping tents*
cubierto *covered*	**permitir** *to allow*	**tocar** *to touch*
entrar *to enter*	**regla** *rule*	

2 **Foto** Describe the video still. Write at least three sentences in Spanish.

____

____

____

____

____

Mientras ves el video

3 **Marcar** While watching the video, check off the rules that have been put in place to protect nature.

_____ 1. En el parque Monteverde no pueden entrar más de 150 personas al mismo tiempo.

_____ 2. Los turistas tienen que dormir en tiendas de campaña.

_____ 3. Los turistas no pueden visitar Tortuguero en febrero.

_____ 4. Después de las seis no se permite ir a la playa sin un guía certificado.

_____ 5. Los turistas no pueden tocar las tortugas.

_____ 6. En Tortuguero está prohibido tomar fotografías.

Después de ver el video

4 **Completar** Complete the sentences with words from the word bank.

acampan	entrar	pasan	prohíbe
conservan	estudiar	prefieren	transportan

1. En Monteverde se ______________ más de dos mil especies de animales.
2. En este parque no pueden ______________ más de 150 personas al mismo tiempo.
3. Algunos turistas ______________ en Monteverde.
4. Otros ______________ ir a los hoteles de los pueblos que están cerca de Monteverde.
5. Se ______________ sacar fotografías.

Video Manual: ¡Vivan los países hispanos!

¡VIVAN LOS PAÍSES HISPANOS!

Lección 14

Panamá

Antes de ver el video

1 **Más vocabulario** Look over these useful words before you watch the video.

Vocabulario útil		
anualmente *annually*	**impresionante** *incredible*	**según** *according to*
arrecife *reef*	**lado** *side*	**sitio** *site*
disfrutar *to enjoy*	**peces** *fish*	**torneo** *tournament*
especies *species*	**precioso** *beautiful*	

2 **Responder** This video talks about the best places to dive and surf in Panama. In preparation for watching this video, answer these questions about surfing.

1. ¿Practicas el surf? ¿Conoces a alguien que lo practique? ¿Dónde lo practicas?

____

2. ¿Te gusta este deporte? ¿Por qué?

____

Mientras ves el video

3 **Ordenar** Number the items in the order in which they appear in the video.

a. ____ 

b. ____ 

c. ____ 

Nombre ______________________ Fecha ______________________

Después de ver el video

4 **Emparejar** Find the items in the second column that correspond to the ones in the first.

1. La isla Contadora es la más grande ____
2. Allí siempre hace calor ____
3. En Panamá, los visitantes pueden bucear en el océano Pacífico por la mañana, ____
4. Las islas de San Blas son 365, ____
5. En Santa Catarina los deportistas disfrutan de ____

a. por la noche.
b. del archipiélago.
c. la playa blanca y el agua color turquesa.
d. por eso se puede bucear en todas las estaciones.
e. una para cada día del año.
f. y en el mar Caribe por la tarde.

5 **Responder** Answer the questions in Spanish. Use complete sentences.

1. ¿Qué país centroamericano tiene costas en el océano Pacífico y en el mar Caribe?

2. ¿Por qué Las Perlas es un buen lugar para bucear?

3. ¿Cómo llegan los turistas a la isla Contadora?

4. ¿Cómo se llaman los indígenas que viven en las islas San Blas?

5. ¿Adónde van los mejores deportistas de surfing del mundo?

6 **Pasatiempos** Complete this chart in Spanish.

Mis deportes/ pasatiempos favoritos	Por qué me gustan	Dónde/cuándo los practico

Nombre ______________________ Fecha ______________________

¡VIVAN LOS PAÍSES HISPANOS! Lección 16

España

Antes de ver el video

1 **Más vocabulario** Look over these useful words before you watch the video.

Vocabulario útil		
antiguo *ancient*	empezar *to start*	niños *children*
blanco *white*	encierro *running of bulls*	pañuelo *neckerchief, bandana*
cabeza *head*	esta *this*	peligroso *dangerous*
calle *street*	feria *fair, festival*	periódico *newspaper*
cohete *rocket (firework)*	fiesta *party, festival*	rojo *red*
comparsa *parade*	gente *people*	ropa *clothing*
correr *to run*	gigante *giant*	toro *bull*
defenderse *to defend oneself*	mitad *half*	ver *to see*

2 **Festivales** In this video, you are going to learn about a Spanish festival. List the things you would probably do and see at a festival.

____

____

____

____

Mientras ves el video

3 **Ordenar** Number the items in the order in which they appear in the video.

_____ a. cohete

_____ b. cuatro mujeres en un balcón

_____ c. gigante

_____ d. mitad hombre, mitad caballo (*horse*)

_____ e. muchas personas

_____ f. toro

Después de ver el video

4 **Fotos** Describe the video stills.

____

____

____

____

____

____

Video Manual: ¡Vivan los países hispanos!

Nombre ____________________ Fecha ____________________

____

____

____

____

____

5 **Crucigrama** Complete these sentences and use the words to complete the crossword.

1. El Festival de San Fermín es la combinación de tres fiestas, una de ellas es las ____________________ comerciales.
2. Las ____________________ son los eventos favoritos de los niños.
3. La fiesta religiosa en honor a San Fermín, las ferias comerciales y los eventos taurinos son celebraciones ____________________.
4. Los Sanfermines es una de las ____________________ tradicionales españolas.
5. Las personas usan ropa blanca y ____________________ rojos.
6. En los encierros las personas corren delante de diecisiete ____________________.
7. En las comparsas hay figuras ____________________ hombre mitad animal.
8. En los días del festival, hay ocho ____________________ por día.
9. En las comparsas hay ocho ____________________.
10. Las comparsas pasan por las ____________________ de Pamplona.
11. Otras de las figuras tienen (*have*) enormes ____________________.

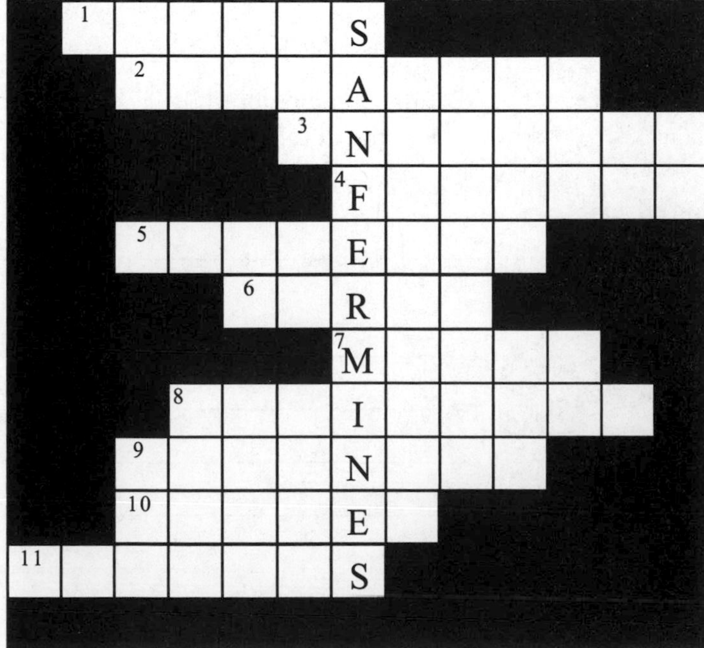

Video Manual: ¡Vivan los países hispanos!

FLASH CULTURA

Lección 1

Encuentros en la plaza

Antes de ver el video

1 **Vos** Most Argentinians use the pronoun **vos** instead of **tú** when talking to friends. In some cases, the verb in the **vos** form is different from the **tú** form; in others, it is the same. Look at these questions with **vos**. Can you guess what the **tú** equivalent is?

modelo
Vos: ¿Cómo te llamás?
Tú: *¿Cómo te llamas?*

1. Y vos, ¿cómo estás?
____

2. ¿De dónde sos?
____

2 **¡En español!** Look at the video still. Imagine a conversation between two of these people.

¡Hola! ¿Cómo te va? ______________
____
____
____
____
____
____

Mientras ves el video

3 **Completar** What does Silvina say when she meets her friends? Complete these conversations.

A. (3:42-3:51)
Chico: Hola.
Chica: ¿(1) ______________?
Chica y chico: ¡Cuánto tiempo! (*It's been so long!*)
Silvina: Sí, hace mucho, ¿no?
Chica: ¡Qué (2) ______________ verte (*to see you*)!
Silvina: ¿(3) ______________ están ustedes? ¿Bien?
Chica y chico: (4) ______________.

B. (4:12-4:19)
Silvina: Quiero (*I want*) presentarles a mi (5) ______________ Gonzalo.
Chica: Hola, ¿qué (6) ______________?
Gonzalo: Hola. Gonzalo. ¿Tú cómo te (7) ______________?
Chica: Mariana.
Gonzalo: (8) ______________, Mariana.

Nombre _______________ Fecha _______________

Después de ver el video

4 **Ordenar** Pay attention to Silvina's actions and put them in the correct order.

_____ a. presenta a una amiga

_____ b. dice (*she says*): ¿Como están ustedes? ¿Bien?

_____ c. da (*she gives*) un beso y un abrazo

_____ d. camina (*she walks*) por la Plaza de Mayo

_____ e. dice: ¡Hasta pronto!

5 **¿Quién?** Indicate who would make each of these statements.

Statements	Long-time friends at a plaza	People meeting for the first time
1. ¡Qué bueno verte!		
2. Sí, hace mucho, ¿no?		
3. Les presento a mi amigo.		
4. ¿Cómo estás?		
5. Mucho gusto.		

6 **¡Cuánto tiempo!** Write a conversation you would have with a friend whom you have not seen in a long time. Include the expressions provided.

¡Cuánto tiempo!	¡Qué bueno verte!
Hace mucho.	¿Qué tal?

____

____

____

____

____

____

7 **Encuentros en la plaza** Describe two aspects of this episode that caught your attention: people, their physical proximity, activities they do, etc. Then, explain how those are similar or different in your own culture. You may use English.

____

____

____

____

____

____

Lección 2

Los estudios

Antes de ver el video

1 **Más vocabulario** Look over these useful words before you watch the video.

Vocabulario útil

las ciencias biológicas y de la salud *biological and health sciences*
las ciencias físico-matemáticas *physical and mathematical sciences*
¿Conoces a algún ex alumno reconocido? *¿Do you know any renowned alumni?*
el cuarto año de la carrera *the fourth year of college*
dé clases *teaches*
los estudios superiores *higher education*
la psicoterapia *psychotherapy*

2 **¡En español!** Look at the video still and answer these questions in Spanish. Carlos is in Mexico City; can you guess what place? Who is Carlos talking to? What do you think this person does?

Carlos López, México, D.F.

____
____
____
____
____
____
____
____

Mientras ves el video

3 **Conversaciones** Complete these conversations between Carlos López and two students.

CARLOS LÓPEZ ¿(1) ______________ te llamas?
ESTUDIANTE Héctor.
CARLOS LÓPEZ Héctor. ¿Y qué estudias?
ESTUDIANTE (2) ______________ .
CARLOS LÓPEZ ¿Y cuál es tu materia favorita?
ESTUDIANTE Este… ahorita, (3) ______________ de Roma.

CARLOS LÓPEZ ¿De dónde (4) ______________ ?
ESTUDIANTE De Corea.
CARLOS LÓPEZ De Corea. ¿Te gusta estudiar en la (5) ______________ ?
ESTUDIANTE Sí, me gusta mucho (*I like it a lot*).
CARLOS LÓPEZ ¿Qué estudias?
ESTUDIANTE Estoy estudiando (6) ______________ .

4 **Identificar** Indicate which area of study each of these students and alumni is likely to study or have studied.

Ciencias Biológicas y de la Salud	Ciencias Sociales
Ciencias Físico-Matemáticas	Humanidades

1. ______________ 2. ______________ 3. ______________

Después de ver el video

5 **Oraciones** Complete each statement with the correct option.

autobuses	estudio	profesor
derecho	ex alumno	residencia estudiantil
estudiantes	México, D.F.	universidad

1. ______________ es un importante centro económico y cultural.
2. La UNAM es una ______________ en la Ciudad de México.
3. La UNAM es como (*like*) una ciudad con ______________ , policía y gobierno (*government*) propios (*own*).
4. Los ______________ de la UNAM son de diferentes países.
5. Hay cuatro áreas principales de ______________ .
6. Manuel Álvarez Bravo es un ______________ famoso de la UNAM.

6 **¡Carlos López de visita (*on a visit*)!** Imagine that Carlos López visits your school and wants to find out about the institution, campus or facilities, classes, and students. Write a brief paragraph about what you would say.

modelo

¡Hola, Carlos! Me llamo Rosa Estévez y estudio en la Universidad del Valle en Colombia. Hay muchos estudiantes de diferentes países. Este (*This*) semestre tomo clases…

____

____

____

____

____

FLASH CULTURA

Lección 3

La familia

Antes de ver el video

1 **Más vocabulario** Look over these useful words before you watch the video.

Vocabulario útil

el canelazo *typical drink from Ecuador*
la casa *house*
Día de la Madre *Mother's Day*
Ésta es la cocina. *This is the kitchen.*
Éste es un patio interior. *This is an interior patio.*
¡Qué familia tan grande tiene! *Your family is so big!*
¡Qué grande es tu casa... ! *Your house is so big!*
¿Quién pelea con quién? *Who fights with whom?*
te muestro *I'll show you*
Vamos. *Let's go.*

2 **¡En español!** Look at the video still. Imagine what Mónica will say about families in Ecuador, and write a two- or three-sentence introduction to this episode.

Mónica, Quito

¡Hola, amigos! Bienvenidos a otra aventura de *Flash cultura*. Hoy vamos (*we are going*) a hablar de... ___________________________

____

____

____

____

____

____

____

Mientras ves el video

3 **Identificar** Identify which family these people belong to: **los Valdivieso, los Bolaños,** or both.

Personas	Los Valdivieso	Los Bolaños
1. abuelos	________	________
2. novia	________	________
3. esposo	________	________
4. esposa	________	________
5. sobrinos	________	________
6. dos hijos y una hija	________	________

Nombre ______________________ Fecha ______________________

4 **Emparejar** Watch as Mrs. Valdivieso gives Mónica a tour of the house. Match the captions to the appropriate images.

1. ____________ 2. ____________ 3. ____________

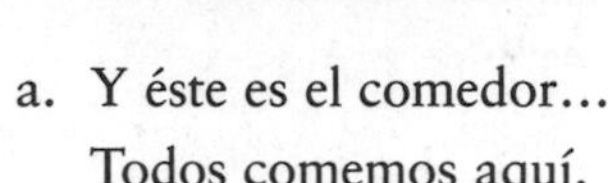

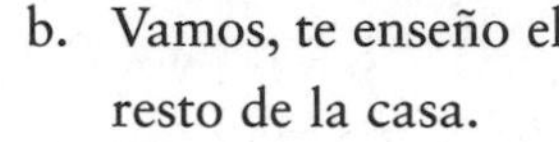

a. Y éste es el comedor… Todos comemos aquí.
b. Vamos, te enseño el resto de la casa.
c. Éste es un patio interior. Aquí hacemos reuniones familiares.
d. Finalmente, ésta es la cocina.
e. ¿Qué están haciendo hoy en el parque?

Después de ver el video

5 **¿Cierto o falso?** Indicate whether each statement is **cierto** (*true*) or **falso** (*false*).

1. En el parque, una familia celebra el Día de la Madre. ____________
2. La familia Valdivieso representa la familia moderna y la familia Bolaños representa la familia tradicional. ____________
3. Los Bolaños no viven (*do not live*) en Quito. ____________
4. Bernardo tiene animales en su casa. ____________
5. Los Valdivieso toman canelazo. ____________

6 **¿Qué te gusta?** Imagine that you are one of the Valdivieso children and that Mónica asks you about your likes and dislikes. Select one of the children and write a paragraph using the cues provided.

bailar **dibujar** **hermanos** **padres**

____

____

____

____

7 **Andy, un chico con novia** Andy's parents just found out that he has a girlfriend. Imagine that they are being introduced to her for the first time. Write five questions they would ask her.

____

____

____

____

FLASH CULTURA

Lección 4

¡Fútbol en España!

Antes de ver el video

1 **Más vocabulario** Look over these useful words before you watch the video.

Vocabulario útil		
la afición *fans*	**nunca** *never*	**seguro/a** *sure*
más allá *beyond*	**se junta (con)** *is intertwined (with)*	**la válvula de escape** *outlet*

2 **¡En español!** Look at the video still. Imagine what Mari Carmen will say about soccer in Spain, and write a two- or three-sentence introduction to this episode.

Mari Carmen Ortiz, Barcelona

¡Hola, amigos! ¡Bienvenidos a *Flash cultura*! Hoy vamos a hablar de... ____________________

____

____

____

____

____

Mientras ves el video

3 **Identificar** You might see any of these actions in a video about soccer in Spain. Check off the items you see in this episode.

___ a. celebrar un gol (*goal*)
___ b. comer churros
___ c. ganar un premio (*award*)
___ d. hablar con un jugador famoso
___ e. jugar al fútbol
___ f. pasear en bicicleta
___ g. celebrar en las calles (*streets*)
___ h. jugar al fútbol americano

4 **Emparejar** Indicate which teams these people are affiliated with.

❍ Barça
❍ Real Madrid
❍ no corresponde

❍ Barça
❍ Real Madrid
❍ no corresponde

❍ Barça
❍ Real Madrid
❍ no corresponde

Después de ver el video

5 **Completar** Complete each statement with the correct option.

aficionados al fútbol	brasileños	guapo	feo	Red Sox

1. En España hay muchos ______.
2. Ronaldinho y Ronaldo son dos futbolistas (*soccer players*) ______ famosos.
3. La rivalidad entre el Barça y el Real Madrid es comparable con la rivalidad entre los Yankees y los ______ en béisbol.
4. Mari Carmen piensa que David Beckham es ______.

6 **Aficionados** Who are these fans? Imagine what they would say if they introduced themselves. Write information like their name, age, origin, team affiliation, and any other details that come to mind.

modelo

Aficionado: ¡Hola! Soy José Artigas y soy de Madrid. Mi equipo favorito es el Real Madrid. Miro todos los partidos en el estadio. ¡VIVA EL REAL MADRID! ¡Nunca pierde!

______

______

7 **David Beckham** Imagine that you are Mari Carmen and you decide to interview David Beckham. Write five questions you would ask him.

modelo

¿Dónde prefieres vivir: en España o en los Estados Unidos?

______

FLASH CULTURA

Lección 5

¡Vacaciones en Perú!

Antes de ver el video

1 **Más vocabulario** Look over these useful words before you watch the video.

Vocabulario útil

aislado/a *isolated*	disfrutar *to enjoy*	se salvó *was saved*
andino/a *Andean*	el esfuerzo *effort*	la selva *jungle*
ayudó *helped*	hemos contratado *we have hired*	subir *to climb, to go up*
el cultivo *farming*	la obra *work (of art)*	la vuelta al mundo *around the world*

2 **Completar** Complete these sentences. Make the necessary changes.

1. Machu Picchu es una ______________ muy importante de la civilización inca. Esta (*This*) ciudad inca está rodeada (*surrounded*) de una gran ______________.
2. Los incas fueron (*were*) grandes artistas y expertos en técnicas de ______________ como el sistema de terrazas (*terraces*).
3. Hoy muchos turistas van a ______________ de las ruinas incas y del maravilloso paisaje (*landscape*) andino.
4. Cada año miles de personas deciden ______________ hasta Machu Picchu por el Camino Inca.

3 **¡En español!** Look at the video still. Imagine what Omar will say about Machu Picchu, and write a two- or three-sentence introduction to this episode.

Omar Fuentes, Perú

¡Bienvenidos a otra aventura de *Flash cultura*! Hoy estamos en...

____

____

____

____

____

Mientras ves el video

4 **Descripción** What does Noemí say about the lost city of Machu Picchu? Complete this quote.

"Omar, te cuento (*let me tell you*) que Machu Picchu se salvó de la invasión (1) ______________ gracias a que se encuentra (*it's located*) (2) ______________ sobre esta (3) ______________, como tú puedes ver. Y también la (4) ______________ ayudó mucho... lo cubrió (*covered*) rápidamente, y eso también contribuye."

5 **Emparejar** Watch the tourists describe their impressions of Machu Picchu. Match the captions to the appropriate people.

1. ______________________ 2. ______________________

3. ______________________ 4. ______________________

a. enigma y misterio   b. magnífico y misterioso   c. algo esplendoroso, algo único…

d. ¡Fantástico!   e. Nos encanta muchísimo.

Después de ver el video

6 **¿Cierto o falso?** Indicate whether each statement is cierto or falso.

1. Las ruinas de Machu Picchu están al lado del mar.
2. Hay menos de (*less than*) cien turistas por día en el santuario (*sanctuary*) inca.
3. Cuando visitas Machu Picchu, puedes contratar a un guía experto.
4. Todos los turistas llegan a Machu Picchu en autobús.
5. Omar pregunta a los turistas por qué visitan Machu Picchu.

7 **¡La vuelta al mundo!** Imagine that you are a travel agent and that the French globetrotting family you saw in the video is planning their next destination. Write a conversation between you and the mother. Suggest an exciting destination, describe the activities the family can do together, and then work out how to get there, where to stay, and for how long.

____

____

____

____

____

FLASH CULTURA

Lección 6

Comprar en los mercados

Antes de ver el video

1 **Más vocabulario** Look over these useful words before you watch the video.

Vocabulario útil		
las artesanías *handicrafts*	la heladería *ice-cream shop*	la soda (C.R.) *food stall*
el camarón *shrimp*	el helado *ice cream*	la sopa de mondongo *tripe soup*
la carne *meat*	el pescado *fish*	suave *soft*
la flor *flower*	¡Pura vida! *Cool!, Alright!*	el/la tico/a *person from Costa Rica*
la fruta *fruit*	el regateo *haggling, bargaining*	vale *it costs*

2 **¡En español!** Look at the video still. Imagine what Randy will say about markets in Costa Rica, and write a two- or three-sentence introduction to this episode.

Randy Cruz, Costa Rica

¡Hola a todos! Hoy estamos en... _______________

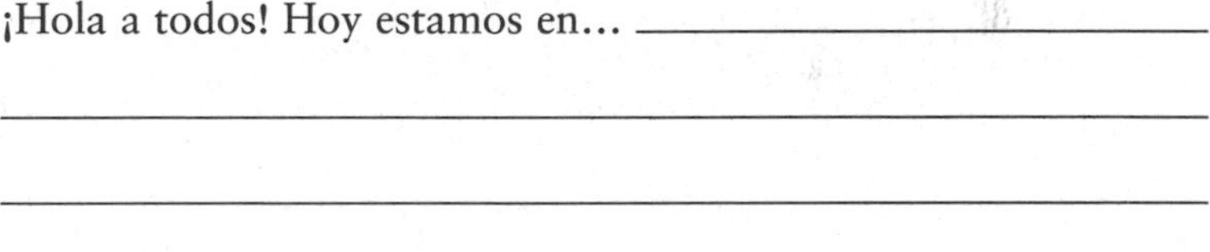

Mientras ves el video

3 **¿Qué compran?** Identify which item(s) these people buy at the market.

1. _______________

2. _______________

3. _______________

a. frutas
b. artesanías
c. carne y pescado
d. camarones y flores
e. zapatos

4 **Completar** Watch Randy bargain, and complete this conversation.

RANDY ¿(1) ______________ vale?
VENDEDOR Trescientos (*300*) (2) ______________ .
RANDY Trescientos colones el kilo. Me puede hacer un (3) ______________ , ¿sí?
VENDEDOR Perfecto.

VENDEDOR OK… (4) ______________ cuatro ochenta... cuatro y medio.
RANDY Cuatrocientos (*400*).
VENDEDOR Cuatro (5) ______________ .
RANDY Cuatrocientos cuarenta.
VENDEDOR Sí, señor.

Después de ver el video

5 **Ordenar** Put Randy's actions in the correct order.

_____ a. Busca la heladería en el Mercado Central.
_____ b. Regatea el precio de unas papayas.
_____ c. Va al mercado al aire libre.
_____ d. Entrevista a personas en el Mercado Central.
_____ e. Toma sopa de mondongo, un plato (*dish*) típico de Costa Rica.

6 **¡Aquí no hay descuentos!** Imagine that Randy wants to buy an item of clothing that he really likes, but he doesn't have enough money to pay the full price. Write a conversation between Randy and a salesperson in which Randy negotiates the price. Be creative!

7 **Preguntas** Answer these questions.

1. ¿En qué lugares o tipos de tiendas haces las compras generalmente? ¿Pequeñas tiendas, grandes almacenes o centros comerciales?

2. ¿Con quién(es) sales generalmente a comprar ropa: solo/a (*alone*), con amigos o con alguien (*someone*) de tu familia? ¿Por qué?

3. ¿Cómo prefieres pagar tus compras: con dinero o con tarjeta de crédito? ¿Por qué?

4. ¿Esperas las rebajas para comprar cosas que quieres o no te importa (*you don't mind*) pagar el precio normal?

FLASH CULTURA

Lección 7

Tapas para todos los días

Antes de ver el video

1 **Más vocabulario** Look over these useful words before you watch the video.

Vocabulario útil

los caracoles *snails*	**informal** *casual, informal*	**preparaban unos platillos** *used to prepare little dishes*
Cataluña *Catalonia (an autonomous community in Spain)*	**País Vasco** *Basque Country (autonomous community in Spain)*	**las tortillas de patata** *Spanish potato omelets*
contar los palillos *counting the toothpicks*	**el pan** *bread*	**el trabajo** *job; work*
la escalivada *grilled vegetables*	**las porciones de comida** *food portions*	**único/a** *unique*

2 **Completar** Complete this paragraph about **tapas**.

Las tapas son pequeñas (1) ________________ que se sirven en bares y restaurantes de España. Hay diferentes tipos de tapas: los (2) ________________ y las (3) ________________ son algunos ejemplos. En algunos bares, los camareros (*waiters*) traen la comida, pero en lugares más (*more*) (4) ________________ el cliente toma las tapas en la barra (*bar*). Es muy común salir solo o con amigos a tomar tapas después del trabajo. Sin duda, ¡salir de tapas en España es una experiencia fantástica y (5) ________________!

3 **¡En español!** Look at the video still. Imagine what Mari Carmen will say about **tapas** in Barcelona, and write a two- or three-sentence introduction to this episode.

Mari Carmen, España

¡Hola! Hoy estamos en Barcelona. Esta bonita ciudad... ________________

____

____

____

____

____

Mientras ves el video

4 **Montaditos** Indicate whether these statements about **montaditos** are **cierto** or **falso.**

1. Los clientes cuentan los palillos para saber cuánto pagar. ________________
2. Los montaditos son informales. ________________
3. Los montaditos son caros. ________________
4. Los montaditos se preparan siempre con pan. ________________
5. Hay montaditos en bares al aire libre solamente. ________________

5 **Completar** (03:13 -03:29) Watch these people talk about **tapas** and complete this conversation.

MARI CARMEN ¿Cuándo sueles venir a (1) ______________ tapas?

HOMBRE Generalmente (2) ______________ del trabajo. Cuando al salir de trabajar (3) ______________ hambre, vengo (4) ______________.

MARI CARMEN ¿Y vienes solo, vienes con amigos, o da igual (*doesn't it matter*)?

HOMBRE Da igual. Si alguien (5) ______________ conmigo, mejor; y si no, vengo solo.

Después de ver el video

6 **¿Cierto o falso?** Indicate whether these statements are **cierto** or **falso.**

1. Mari Carmen pasea en motocicleta por el centro de Barcelona. ______________
2. Mari Carmen entrevista a personas sobre sus hábitos después de ir al trabajo. ______________
3. Una versión sobre el origen de las tapas dice que un rey (*king*) necesitaba (*needed*) comer pocas veces al día. ______________
4. Los restaurantes elegantes y caros sirven montaditos. ______________
5. La tradición del montadito proviene (*comes from*) del País Vasco. ______________
6. Los pinchos son sólo platos fríos. ______________

7 **Un día en la vida de...** Select one of these people and imagine a typical workday. Consider his or her daily routine as well as the time he or she gets up, goes to work, spends with friends, goes back home and goes to sleep. Use the words provided.

más tarde	se acuesta	se levanta
por la noche	se cepilla los dientes	va al trabajo

____

____

____

____

____

____

____

FLASH CULTURA

Lección 8

La comida latina

Antes de ver el video

1 **Más vocabulario** Look over these useful words before you watch the video.

Vocabulario útil

el arroz congrí *mixed rice and beans from Cuba*
el azafrán *saffron*
la carne molida *ground beef*
la carne picada *diced beef*
el cerdo *pork*
el frijol *bean*
el perejil *parsley*
el picadillo a la habanera *Cuban-style ground beef*
el plátano *banana*
el pollo *chicken*
la rebanada *slice*
el taco al pastor *Shepherd-style taco*
la torta al pastor *traditional sandwich from Tijuana*
la ropa vieja *Cuban shredded beef*

2 **¡En español!** Look at the video still. Imagine what Leticia will say about **la comida latina** in Los Angeles, and write a two- or three-sentence introduction to this episode.

Leticia, Estados Unidos

¡Hola! Soy Leticia Arroyo desde Los Ángeles. Hoy vamos a hablar sobre... ______________________

____

____

____

____

____

____

____

Mientras ves el video

3 **Completar** (04:15 -04:48) Watch Leticia ask for recommendations to other clients in the restaurant and complete this conversation.

LETICIA Señoritas, ¿qué estamos (1) ______________ de rico?

CLIENTE 1 Mojito.

LETICIA ¿Y de qué se trata el (2) ______________?

CLIENTE 1 Es pollo con cebolla, arroz blanco, (3) ______________ negros y plátanos fritos. Es delicioso.

LETICIA Rico. ¿Y el tuyo?

CLIENTE 2 Yo estoy comiendo (4) ______________ con pollo, que es arroz amarillo, pollo y plátanos fritos.

LETICIA ¿Y otras cosas en el (5) ______________ que están ricas también?

CLIENTE 2 A mí me (6) ______________ la ropa vieja.

4 **Ordenar** Put these events in the correct order.

_____ a. Toma un café en el restaurante cubano.
_____ b. Leticia habla con el gerente *(manager)* de un supermercado.
_____ c. Leticia come picadillo, un plato típico cubano.
_____ d. La dueña de una taquería mexicana le muestra a Leticia diferentes platos mexicanos.
_____ e. Leticia compra frutas y verduras en un supermercado hispano.

Después de ver el video

5 **Emparejar** Match these expressions to the appropriate situations.

_____ 1. ¿Qué me recomienda?
_____ 2. ¡Se me hace agua la boca!
_____ 3. ¡Que se repita!
_____ 4. ¿Está listo/a para ordenar?
_____ 5. A la orden.

a. Eres un(a) empleado/a de una tienda. Ayudaste a un(a) cliente/a a hacer una compra. Él/Ella se despide y te dice gracias. ¿Qué le respondes?

b. Estás en un restaurante. Miraste el menú pero todavía no sabes (*know*) qué quieres comer. ¿Qué le dices al/a la camarero/a?

c. El/La camarera te dio el menú hace cinco minutos y ahora se acerca para preguntarte si sabes lo que quieres pedir. ¿Qué pregunta te hace?

d. Terminas de comer y pagas, estás muy contento/a por la comida y el servicio que recibiste. ¿Qué le dices al/a la camarero/a?

e. Acabas de entrar en un supermercado. Tienes mucho hambre y ves unos postres que te parecen (*seem*) deliciosos. ¿Qué dices?

6 **Un plato típico** Research one of these typical dishes or drinks from the Hispanic world. Find out about its ingredients, where it is typical, and any other information that you find interesting.

ropa vieja	malta Hatuey
Inca Kola	horchata
picadillo a la habanera	mate

____
____
____
____
____
____
____
____

Nombre ______________________ Fecha ______________________

FLASH CULTURA

Lección 9

Las fiestas

Antes de ver el video

1 **Más vocabulario** Look over these useful words before you watch the video.

Vocabulario útil

alegrar *to make happy*
las artesanías *crafts*
el/la artesano/a *craftsperson; artisan*
los cabezudos *carnival figures with large heads*
la canción de Navidad *Christmas carol*
el cartel *poster*
la clausura *closing ceremony*
destacarse *to stand out*
el Día de Reyes *Three Kings' Day*
las frituras *fried foods; fritters*
la madera *wood*
la misa *mass*
la parranda *party*
la pintura *painting*
el santo de palo *wooden saint*
tocar el tambor *playing drums*
los Tres Santos Reyes/Reyes Magos *Three Kings*

2 **Completar** Complete this paragraph about **la Navidad** in Puerto Rico.

En Puerto Rico, las Navidades no terminan después del (1) ______________ como en el resto de los países hispanos, sino después de las fiestas de la calle San Sebastián. Hay muchas expresiones artísticas de (2) ______________ locales; entre ellas se destacan los (3) ______________, que son pequeñas estatuas (*statues*) de madera de vírgenes y santos. La (4) ______________ empieza por la noche cuando las personas salen a disfrutar del baile y la música con amigos y familiares.

3 **¡En español!** Look at the video still. What do you think this episode will be about? Imagine what Diego will say and write a two- or three-sentence introduction to this episode.

Diego Palacios, Puerto Rico

¡Bienvenidos! Soy Diego Palacios de Puerto Rico. Hoy les quiero mostrar... ______________________________

____

____

____

____

Mientras ves el video

4 **Ordenar** Ordena lo que Diego hizo (*did*) cronológicamente.

_____ a. Les preguntó a personas qué disfrutaban más de las fiestas.
_____ b. Bailó con los cabezudos en la calle.
_____ c. Habló con artesanos sobre los santos de palo.
_____ d. Tomó un helado de coco.
_____ e. Comió unas frituras (*fried foods*).

Nombre ____________________ Fecha ____________________

5 **Emparejar** Match the captions to the appropriate elements.

1. ___ 2. ___ 3. ___ 4. ___

a. el güiro b. los cabezudos c. los santos de palo d. los panderos e. los carteles

Después de ver el video

6 **¿Cierto o falso?** Indicate whether each statement is **cierto** or **falso**.

1. Las Navidades en Puerto Rico terminan con del Día de Reyes. ____________
2. Los artistas hacen cuadros y carteles sobre la Navidad. ____________
3. En Puerto Rico, todas las celebraciones navideñas son religiosas. ____________
4. Los santos de palo representan a personajes puertorriqueños. ____________
5. Según un artesano, la pieza de artesanía más popular es la de los Tres Santos Reyes. ____________
6. El güiro y el pandero son algunos de los instrumentos típicos de la música de estas fiestas. ____________

7 **¡De parranda!** Imagine that you are an exchange student in Puerto Rico and that you are attending this celebration. You are dancing on the street when suddenly Diego spots you and decides to interview you. Tell him how you feel and what cultural aspects catch your attention. Make sure to include these words.

artistas	bailar	cabezudos	de parranda	en la calle	tocar el tambor

____

____

____

____

Nombre ______________________ Fecha ______________________

FLASH CULTURA

Lección 10

La salud

Antes de ver el video

1 **Más vocabulario** Look over these useful words before you watch the video.

Vocabulario útil		
atender *to treat; to see (in a hospital)*	cumplir (una función) *to fulfill (a function/role)*	gratuito *free (of charge)*
atendido/a *treated*	esperar *to wait*	herido/a *injured*
brindar *to offer*	estar de guardia *to be on call*	el reportaje *story*
chocar *to crash*	golpeado/a *bruised*	se atienden pacientes *patients are treated*

2 **¡En español!** Look at the video still. Imagine what Silvina will say about hospitals in Argentina, and write a two- or three-sentence introduction to this episode.

Silvina Márquez, Argentina

¡Hola a todos! Hoy estamos en... ______________________

____

____

____

____

____

Mientras ves el video

3 **Problemas de salud** Match these statements to their corresponding video stills.

1. ___ 
2. ___ 
3. ___ 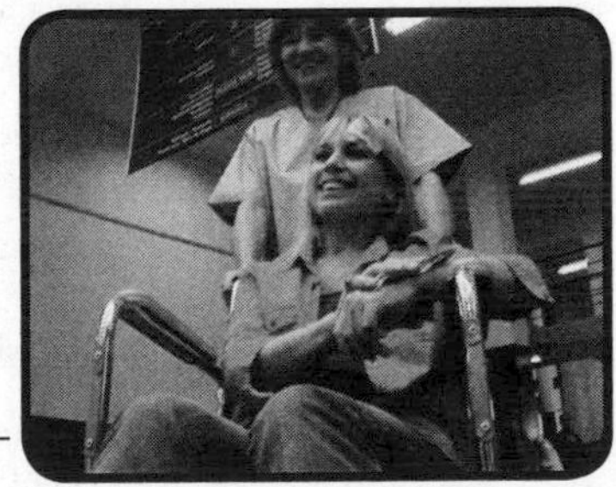

a. Tengo dolor de cabeza y me golpeé la cabeza.

b. Mi abuela estaba con un poco de tos.

c. Estoy congestionada.

d. Me chocó una bici.

e. Me salió una alergia.

4 **Completar** Watch Silvina interview a patient, and complete this conversation.

SILVINA ¿Y a vos qué te pasa? ¿Por qué estás aquí en la (1) ____________________?

PACIENTE Porque me salió una (2) ____________________ en la (3) ____________________ hace dos días y quería (*wanted*) saber qué tenía *(had)*. ¿Y a vos qué te pasó?

SILVINA Yo tuve un accidente. Me (4) ____________________ una bici en el centro y mira cómo quedé...

PACIENTE ... toda lastimada (*hurt*)...

SILVINA Sí, y aquí también, aquí también... Estoy toda (5) ____________________.

Después de ver el video

5 **Ordenar** Put Silvina's actions in the correct order.

____ a. Le dio sus datos personales a la enfermera.

____ b. Llegó a la guardia del hospital.

____ c. Fue atendida por el doctor.

____ d. Tuvo un accidente con una bicicleta.

____ e. Entrevistó a pacientes.

6 **El sistema de salud en Argentina** Identify the main characteristics of the health system in Argentina. Use these guiding questions.

1. ¿Cómo es el sistema de salud: público, privado o mixto?
2. ¿Hay que pagar en los hospitales públicos?
3. ¿Qué son las guardias?
4. ¿Hay que esperar mucho para ser atendido/a?
5. ¿Cómo es la carrera de medicina?
6. ¿Qué similitudes y diferencias existen entre el sistema de salud en Argentina y el de tu país?

7 **¿Un pequeño accidente?** You were exploring the city of Buenos Aires when an aggressive pedestrian knocked you to the ground. You arrived in great pain at the **guardia** only to find the wait very long. Write your conversation with a nurse in which you explain your symptoms to convince him/her that this is *not* a minor accident and you should receive immediate care.

____

____

____

____

____

____

____

____

____

____

Nombre ____________ Fecha ____________

FLASH CULTURA

Lección 11

Maravillas de la tecnología

Antes de ver el video

1 **Más vocabulario** Look over these useful words before you watch the video.

Vocabulario útil

la afirmación cultural *cultural affirmation*	chatear (*Spanglish*) *to chat*	la masificación *spread*
alejado/a *remote*	el desarrollo *development*	mejorar *to improve*
beneficiarse *to benefit*	el esfuerzo *effort*	el/la proveedor(a) *supplier*
el/la cuzqueño/a *person from Cuzco*	al extranjero *abroad*	servirse de *to make use of*
	mandar *to send*	

2 **La tecnología** Complete this paragraph about technology in Peru.

En Perú, la (1) ____________ de Internet benefició el (2) ____________ de la agricultura en las comunidades indígenas. Para estas comunidades es una herramienta (*tool*) importante para obtener e intercambiar información. También, en ciudades como Cuzco, los artistas y comerciantes que son (3) ____________ de Internet pueden (4) ____________ el nivel (*level*) de ventas porque se conectan (5) ____________ y así pueden vender sus productos en otros países.

3 **¡En español!** Look at the video still. Imagine what Omar will say about technology in Peru and write a two- or three-sentence introduction to this episode.

Omar Fuentes, Perú

¡Hola a todos! ¿Saben de qué vamos a hablar hoy? ____________

____

____

____

____

____

Mientras ves el video

4 **Completar** Watch Omar interview a young man and complete their conversation.

OMAR ¿Qué haces en medio de la Plaza de Armas usando una (1) ____________?

JOVEN Estoy mandándole un (2) ____________ a mi novia en Quito.

OMAR ... en Quito... ¿Así que tú eres (3) ____________?

JOVEN Sí, soy ecuatoriano.

OMAR Y... ¿qué tal? ¿Qué te (4) ____________ el Cuzco? ¿Qué te parece el Perú?

JOVEN Me encanta Cuzco porque se parece mucho a mi ciudad, pero me gusta un poco más porque puedo usar (5) ____________ en medio de la plaza y (6) ____________ me molesta.

Video Manual: *Flash cultura*

5 **Emparejar** Identify why these people use cell phones and Internet.

1. ___ 
2. ___ 
3. ___ 

a. para escribir mensajes a su novia
b. para comunicarse con su proveedor (*vendor*)
c. para vender sus productos en el extranjero
d. para hacer una videoconferencia y hablar con su familia
e. para chatear con amigos

Después de ver el video

6 **¿Cierto o falso?** Indicate whether each statement is **cierto** o **falso**.

1. En Perú, los cibercafés son lugares exclusivos para los turistas. ________
2. Los cibercafés son conocidos como **cabinas de Internet** en Perú y están por todo el país. ________
3. A diferencia de los cibercafés, los teléfonos celulares ayudan a la comunicación rápida y económica. ________
4. La comunidad indígena de Perú se beneficia de las ventajas que ofrecen los cibercafés. ________
5. En la Plaza de Armas de Cuzco es posible navegar en la red de manera inalámbrica. ________
6. Las nuevas tecnologías de la comunicación no permiten a las comunidades indígenas reafirmarse culturalmente. ________

7 **Preguntas** Answer these questions.

1. ¿Para qué usas Internet?
____
2. ¿Cómo te comunicas con tu familia y tus amigos cuando viajas?
____
3. ¿Piensas que la masificación de la tecnología es buena? ¿Por qué?
____
4. ¿Piensas que el servicio de Internet debe ser gratuito para todas las personas? ¿Por qué?
____

8 **Un email** ¿Recuerdas al chico en la plaza que le escribía un correo electrónico a su novia? Imagina que tú eres él y escríbele el correo a su novia contándole sobre la tecnología y la vida en la ciudad de Cuzco. Usa el pretérito para narrar en el pasado.

¡Hola, mi amor! En este momento estoy en la Plaza de Armas de Cuzco. ________________

____

____

____

____

____

Nombre ______________________ Fecha ______________________

FLASH CULTURA

Lección 12

La casa de Frida

Antes de ver el video

1 **Más vocabulario** Look over these useful words before you watch the video.

Vocabulario útil		
el alma *soul*	contar con *to have; to feature*	el relicario *locket*
la artesanía *crafts*	convertirse en *to become*	el retrato *portrait*
el barro *clay*	la muleta *crutch*	la urna *urn*
la ceniza *ash*	el recorrido *tour*	el vidrio soplado *blown glass*

2 **Emparejar** Match each definition to the appropriate word.

1. Es un aparato que ayuda a caminar a las personas que no pueden hacerlo por sí solas (*by themselves*). ______________
2. Es el recipiente (*container*) donde se ponen las cenizas de la persona muerta. ______________
3. Es una pintura de una persona. ______________
4. tener, poseer ______________
5. camino o itinerario en un museo, parques, etc. ______________
6. Transformarse en algo distinto de lo que era antes. ______________

3 **¡En español!** Look at the video still. Imagine what Carlos will say about **La Casa de Frida** and write a two- or three-sentence introduction to this episode.

Carlos López, México

¡Bienvenidos a otro episodio de *Flash cultura*! Soy Carlos López desde... ______________________________

____

____

____

____

Mientras ves el video

4 **¿Dónde están?** Identify where these items are located in Frida's museum.

¿Dónde están?	La cocina	La habitación
1. barro verde de Oaxaca		
2. la urna con sus cenizas		
3. los aparatos ortopédicos		
4. vidrio soplado		
5. la cama original		
6. artesanía de Metepec		

5 **Impresiones** Listen to what these people say, and match the captions to the appropriate person.

1. ___ 

2. ___ 

3. ___ 

4. ___ 

a. Me encanta que todavía (*still*) tienen todas las cosas de Frida en su lugar...

b. tenemos la gran bendición (*blessing*) de que contamos con un jardinero que... trabajó (*worked*) para ellos.

c. A mí lo que más me gusta es la cocina y los jardines.

d. El espacio más impresionante de esta casa es la habitación de Frida.

e. ... para mí fueron unas buenas personas...

Después de ver el video

6 **Ordenar** Ordena lo que Carlos hizo cronológicamente.

_____ a. Habló con distintas personas sobre el museo y sus impresiones.
_____ b. Caminó por las calles de Coyoacán.
_____ c. Pasó por el estudio y terminó el recorrido en la habitación de Frida.
_____ d. Mostró el cuadro Viva la vida y otras pinturas de Frida.
_____ e. Recorrió la cocina.
_____ f. Llegó al museo Frida

7 **¿Qué te gusto más?** Choose an aspect of Frida's house and describe it. Is it similar or different to your own house? What do you find interesting about it?

FLASH CULTURA

Lección 13

Naturaleza en Costa Rica

Antes de ver el video

1 **Más vocabulario** Look over these useful words before you watch the video.

Vocabulario útil

el balneario *spa*	las faldas *foot (of a mountain or volcano)*	el piso *ground*
el Cinturón de Fuego *Ring of Fire*	lanzar *to throw*	la profundidad *depth*
cuidadoso/a *careful*	mantenerse fuera *to keep outside*	refrescarse *to refresh oneself*
derramado/a *spilled*	el milagro *miracle*	el rugido *roar*
		el ruido *noise*

2 **Emparejar** Complete this paragraph about volcanoes in Central America.

Los países centroamericanos crearon "La Ruta Colonial y de los volcanes" para atraer turismo cultural y ecológico a esta región. El recorrido (*tour*) de los volcanes es el itinerario favorito de los visitantes ya que éstos pueden escuchar los (1) ____________ volcánicos y sentir el (2) ____________ vibrando cuando caminan cerca. Es posible caminar por las (3) ____________ de los volcanes que no están activos y observar la lava (4) ____________ en antiguas erupciones. ¡Centroamérica es un (5) ____________ de la naturaleza!

3 **¡En español!** Look at the video still. Imagine what Alberto will say about volcanoes and hot springs in Costa Rica and write a two- or three-sentence introduction to this episode.

Alberto Cuadra, Costa Rica

¡Bienvenidos a Costa Rica! Hoy vamos a visitar...____________

____

____

____

____

____

Mientras ves el video

4 **¿Qué ves?** Identify the items you see in the video.

___ 1. cuatro monos juntos

___ 2. las montañas

___ 3. un volcán

___ 4. una tortuga marina

___ 5. el mar

___ 6. dos ballenas

___ 7. las aguas termales

___ 8. muchos pumas

Nombre ______________________ Fecha ______________________

5 **Completar** Complete this conversation between Alberto and the guide.

ALBERTO ¿Qué tan activo es el (1) ______________ Arenal?

GUÍA El volcán Arenal se encuentra dentro de los volcanes más (2) ______________ en el mundo. Se pueden observar las (3) ______________ incandescentes, sobre todo en la noche… y en este momento, el sonido que (4) ______________ es efecto de la actividad activa del volcán.

ALBERTO ¿Por qué es que el volcán produce este sonido?

GUÍA Bueno, es el efecto de las erupciones; la combinación también del aire, del (5) ______________; cuando la (6) ______________, sale y tiene el contacto con la parte externa.

Después de ver el video

6 **Ordenar** Put Alberto's actions in the correct order.

____ a. Se cubrió con una toalla porque tenía frío.
____ b. Caminó hasta el Parque Nacional Volcán Arenal.
____ c. Vio caer las rocas incandescentes desde la ventana de su hotel.
____ d. Cuando sintió que se movía el piso, tuvo miedo y salió corriendo.
____ e. Se baño en las aguas termales de origen volcánico.
____ f. Conversó con el guía sobre el volcán.

7 **¡Defendamos al volcán!** Imagine that you are a forest ranger at the **volcán Arenal** park and you just learned that a highly-polluting company plans to move its plant near the park. Write a conversation between you and your colleagues at work in which you try to convince them to take action to prevent it.

____
____
____
____
____
____

8 **Ecoturismo** Alberto says that ecotourism represents the fastest growing subsector of the tourist industry. Identify the positive and negative aspects of ecotourism and then write a brief paragraph about it. You may use examples from the video.

Aspectos positivos	Aspectos negativos

____
____
____
____
____
____

FLASH CULTURA

Lección 14

El Metro del D.F.

Antes de ver el video

1 **Más vocabulario** Look over these useful words before you watch the video.

Vocabulario útil		
ancho/a *wide*	contar con *to have, to offer*	repartido/a *spread*
el boleto *ticket*	debajo *underneath*	el siglo *century*
el camión *bus (Mexico)*	gratuito/a *free*	superado/a *surpassed*
el castillo *castle*	imponente *imposing, impressive*	la superficie *surface*
construido/a *built*	recorrer *to cover (traveling)*	ubicado/a *located*

2 **Completar** Complete these sentences.

1. En México se le dice ________________ a los autobuses.
2. Los autobuses ________________ distintos puntos de México, D.F.
3. El Metro tiene estaciones ________________ por toda la ciudad.
4. El Bosque de Chapultepec está ________________ en el centro de México, D.F.
5. El Metro es un servicio ________________ para personas de más de 60 años.

3 **¡En español!** Look at the video still. Imagine what Carlos will say about **el Metro** in Mexico City and write a two- or three-sentence introduction to this episode.

Carlos López, México

¡Hola! Hoy vamos a hablar de... ________________

____

____

____

____

____

Mientras ves el video

4 **¿Qué les gusta?** Identify what each of these passengers likes about **el Metro**.

1. ___ 
2. ___ 
3. ___ 

a. Es útil para ir a la escuela y visitar a mis compañeros.
b. Hay una parada (*stop*) cerca de mi casa.
c. Es un transporte seguro, rápido y cómodo.
d. Es barato y siempre me dan un descuento.
e. Hay mucha variedad de gente.

5 **¿Qué dice?** Identify the places Carlos mentions in the video.

____ 1. una joyería del siglo pasado
____ 2. las estaciones de metro superficiales
____ 3. la Catedral Metropolitana
____ 4. una panadería
____ 5. un castillo construido en la montaña
____ 6. el correo
____ 7. un zoológico
____ 8. un bosque en el centro de la ciudad

Después de ver el video

6 **¿Cierto o falso?** Indicate whether these statments are **cierto** or **falso**.

1. Carlos dice que el Metrobús es el sistema favorito de los ciudadanos. ________________
2. Los tranvías circulan bajo la superficie de la ciudad. ________________
3. En el Metro puedes recorrer los principales atractivos de México, D.F. ________________
4. El Zócalo es la plaza principal de la capital mexicana. ________________

7 **¿Cómo llego?** Imagine that you are in Mexico City. You want to go to **Ciudad Azteca** and decided to take the subway, but got confused and end up in **Barranca del Muerto**, the other end of the city! On a separate piece of paper, write a conversation in which you ask a person for directions to help you get to your destination. Use some of these expressions. You can also find a map of the **Metro** online.

cambiar de tren
las estaciones de transbordo
estar perdido
hasta
al norte
seguir derecho

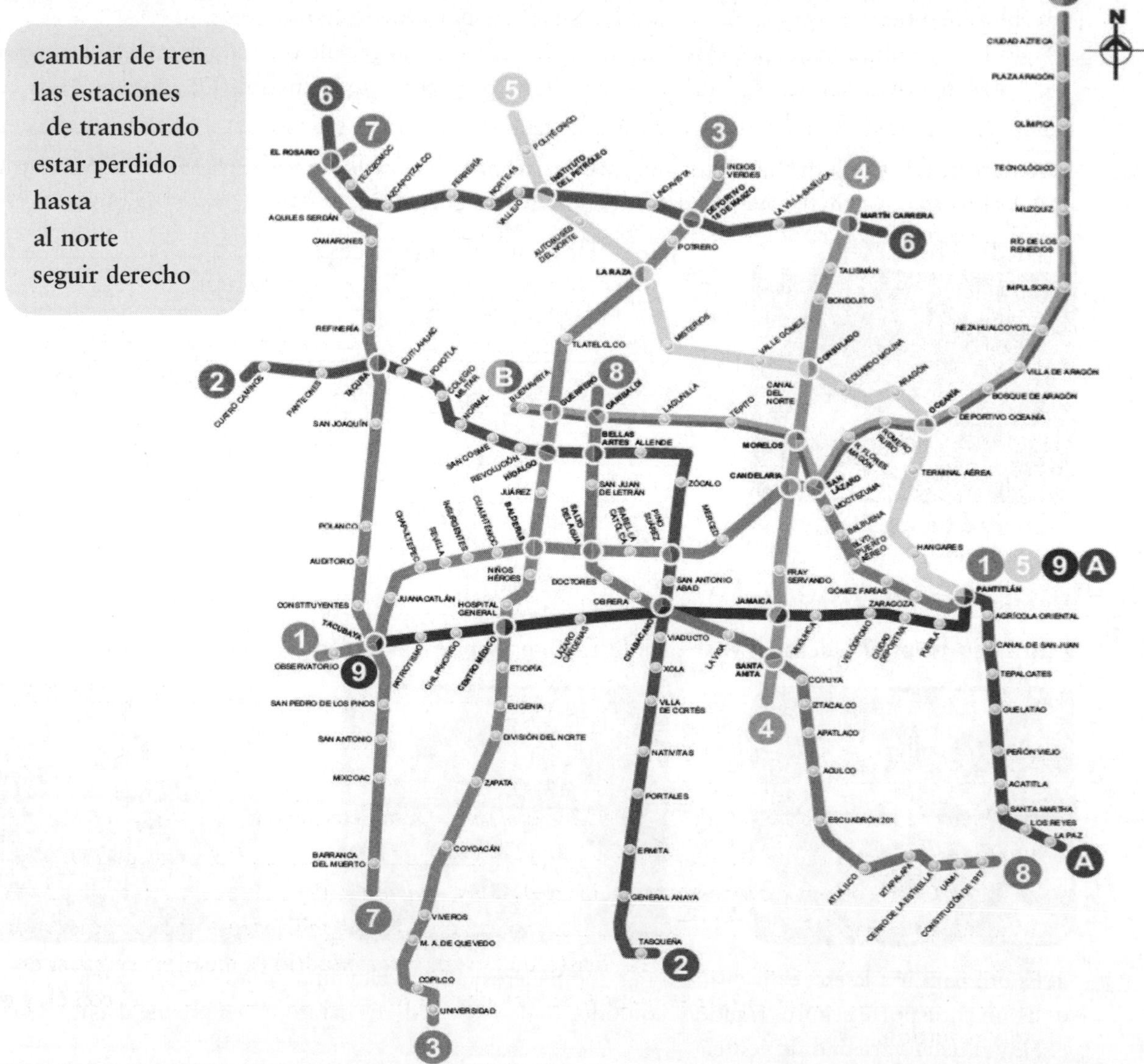

FLASH CULTURA

Lección 15

¿Estrés? ¿Qué estrés?

Antes de ver el video

1 **Más vocabulario** Look over these useful words before you watch the video.

Vocabulario útil

el ambiente *atmosphere*	el/la madrileño/a *person from Madrid*	remontarse *to go back (in time)*
el descanso *rest*	mantenerse sano/a *to stay healthy*	retirarse *to retreat (to a peaceful place)*
el espectáculo *show*	el paseo *walk*	el retiro *retreat*
el estanque *pond*	remar *to row*	trotar *to jog*
judío/a *Jewish*		el vapor *steam*
llevadero/a *bearable*		

2 **Completar** Complete this paragraph about **baños árabes.**

Madrid fue lugar de encuentro de tres culturas: musulmana, cristiana y (1) ______________. Los musulmanes, por ejemplo, introdujeron los famosos baños árabes que eran lugares de (2) ______________ donde las personas iban a (3) ______________ a lugares tranquilos y a socializar. Aunque en la actualidad los (4) ______________ continúan disfrutando de estos baños, existen muchas otras alternativas para mantenerse sanos y sin estrés.

3 **¡En español!** Look at the video still. Imagine what Miguel Ángel will say about **el estrés** in Madrid and write a two- or three-sentence introduction to this episode.

Miguel Ángel Lagasca, España

¡Bienvenidos a Madrid! Hoy les quiero mostrar... ______________

____

____

____

Mientras ves el video

4 **Completar** Listen to a man talking about his dog, and complete the conversation.

HOMBRE Bueno, a mí me espera además un (1) ______________. Yo tengo un perro que se llama Curro. Es un fenómeno... Gracias a él, pues, aparte del (2) ______________ de Madrid, sirve para (3) ______________ y dar un paseíto, ¿eh?, y resulta muy agradable. Más (4) ______________ ... Yo insisto que lo mejor en Madrid es tener un perro, si es (5) ______________ que se llame Curro, y dar un (6) ______________ con él, y es muy divertido.

Nombre ____________________ Fecha ____________________

5 **¿Estrés en Madrid?** Being the capital of Spain, Madrid has the hustle and bustle of any big city. Identify why these madrileños are stressed out.

1. ___  2. ___ 3. ___ 

a. Porque durmieron en el parque para conseguir boletos.

b. Porque hay mucho tráfico en la ciudad.

c. Porque hay personas que les quieren quitar el lugar en la cola.

d. Porque tiene un perro muy agresivo.

e. Porque tienen que hacer largas colas para todo, sobre todo para espectáculos culturales.

Después de ver el video

6 **Preguntas** Answer each of these questions.

1. ¿Qué problema tiene Madrid que es típico de una gran ciudad?
   ____
2. Menciona dos lugares adonde los madrileños van para desestresarse.
   ____
3. ¿Quién es Curro? ¿Qué opina su dueño?
   ____
4. ¿Cuáles son tres actividades saludables que se pueden hacer en el Parque del Retiro?
   ____
5. ¿Cuántas salas de baños árabes tiene el Medina Mayrit?
   ____

7 **No hablo español** Remember the American who cut the line for the show? The couple behind him did not succeed in making him go at the end. What would you say to him? Write a conversation in which you tell him to go to the back of the line!

____
____
____
____
____
____
____
____
____
____

FLASH CULTURA

Lección 16

El mundo del trabajo

Antes de ver el video

1 **Más vocabulario** Look over these useful words before you watch the video.

Vocabulario útil

el desarrollo *development*	(ser) exitoso/a *(to be) successful*	la madera *wood*
el destino *destination*	la fidelidad *loyalty*	el nivel *level*
la elevación *height*		la oportunidad *opportunity*

2 **Emparejar** Match each definition to the appropriate word.

_____ 1. Alguien o algo que tiene muy buena aceptación.
_____ 2. Meta, punto de llegada.
_____ 3. Conveniencia de tiempo y de lugar.
_____ 4. Parte sólida de los árboles cubierta por la corteza (*bark*).
_____ 5. Altura que algo alcanza, o a la que está colocado.
_____ 6. Distancia vertical de un punto de la tierra respecto al nivel del mar.
_____ 7. Progresar, crecer económica, social, cultural o políticamente.
_____ 8. Lealtad que alguien debe a otra persona.

a. elevación
b. madera
c. desarrollo
d. exitoso
e. nivel
f. destino
g. fidelidad
h. oportunidad

3 **¡En español!** Look at the video still. Imagine what Mónica will say about jobs in Ecuador and write a two or three sentence introduction to this episode.

Mónica, Ecuador

Hola, les saluda Mónica... ______________________________

____

____

____

____

____

____

____

____

Mientras ves el video

4 **Marcar** Check off what you see while watching the video.

_____ 1. vendedor de periódicos
_____ 2. payaso
_____ 3. dentista
_____ 4. heladero
_____ 5. barrendero
_____ 6. hombre policía
_____ 7. médico
_____ 8. pintora
_____ 9. artesano
_____ 10. mesero

5 **Impresiones** Listen to what these people say, and match the captions to the appropriate person.

1. ___  2. ___  3. ___ 

a. Claro que sí. Soy la jefa.
b. Odio mi trabajo. Me pagan poquísimo (*very little*) y aparte, mi jefa es súper fastidiosa...
c. Lo que más me gusta de trabajar en Klein Tours es que ayudamos al desarrollo de nuestro país.
d. Bueno, la persona que quiera estar conmigo deberá recibirme con mi profesión ya que yo no tengo un horario de oficina normal.

Después de ver el video

6 **¿Cierto o falso?** Indicate whether each statement is **cierto** or **falso.** Correct the false statements.

1. Quito es una de las capitales de mayor elevación del mundo. ________________
2. La mujer policía trabaja desde muy temprano en la mañana. ________________
3. La peluquería de don Alfredo está ubicada en la calle García Moreno, debajo del Mercado Central en el centro de Quito. ________________
4. La profesión de don Alfredo es una tradición familiar. ________________
5. Klein Tours es una agencia de viajes especializada en excursiones por todo el territorio de la ciudad de Quito. ________________
6. Las principales áreas de trabajo de Klein tours son ventas, operaciones, marketing y el área administrativa. ________________

7 **Escribir** From the following list choose a profession that you would like to work in. Then, write three **ventajas** y three **desventajas** for that profession.

artista	enfermero/a	peluquero/a
barrendero/a	mesero/a	policía
dentista	payaso/a	vendedor/a

Ventajas	**Desventajas**
1. ________________	1. ________________
2. ________________	2. ________________
3. ________________	3. ________________

